JN026272

地域で取り組む
外国人の子育て支援

〜自治体・関係機関連携の課題と実践〜

編集代表

南野 奈津子
東洋大学ライフデザイン学部教授

ぎょうせい

はじめに

　今や、多文化背景をもつ子どもたち、そしてその保護者と出会うことがない保育所や幼稚園、教育機関や児童福祉施設はほぼないと思われます。研修やメディアの報道では、外国籍、そして外国にルーツをもつ子どもや保護者への支援ニーズについて取り上げられることがずいぶん増えました。現在も、多くの自治体、支援機関、NPOなどが、地域で出会う外国人の子育て支援の必要性を認識しつつも、彼らの困りごとはどこにあるのか、どのような支援の形がよいのか、模索しながら取り組んでいます。

　しかし、外国人子育て家庭の実情、支援ニーズの枠組みや実践事例等は、十分な情報があるには至っていません。子育てに関する情報全体と比較すると、外国人の子育て支援に関する情報ははるかに少ない状況があります。そして、「自分が今いる場所でできることは何か」について言及している情報源も必ずしも十分ではないことも、現場での実践者、施策構築の関係者を悩ませる要因の一つだと思われます。そして、その間にも外国人の子どもや保護者は、地域で様々な壁に直面しつつ生活しています。

　本書は、外国人の子育て支援について、包括的な理念や現状に関する統計および調査結果などを示しつつ、複数の等身大の事例からヒントを得ることができる書籍を目指してまとめられました。第1部では、外国人子育て家庭支援の現状をとらえることを主眼として、理念、基礎的統計データ、施策、そして課題の概要を示しました。そして第2部では、外国人の子育て支援の実情として、保護者の悩みおよび自治体やNPOの活動の実際、そして海外事情を紹介しています。

　本書には、多様性の尊重、連携の重要性を説き、成功事例だけを掲載するのではなく、実際の実践者の模索や悩み、難しさ、についても盛り込まれています。多文化共生や地域共生社会は、口で言うのはたやすいですが、実現するのは簡単ではありません。理想を念頭におきつつも、

予算や人材など、様々な制約があるなかで目の前の現実にも取り組まなければなりません。その意味で、お手本のような事例や理念だけではなく、目の前の課題に対処するための取組みとして参考になるような情報も含めることを試みました。

　外国にルーツをもつ、ということだけで子どもの育つ権利等が損なわれるようなことなく、子どもと保護者が地域に支えられながら生活を営むことができる社会としていくためにも、本書が、少しでも地域での外国人の子育て支援に対する取組みの参考になることを願っています。

　なお、本書では、「外国人の子育て家庭」と表記していますが、実際には外国籍の保護者だけではなく、日本国籍だがルーツは日本以外にある子どもや保護者もまた、子育てでは支援を必要としていることからも、外国籍の子ども家庭だけではなく、外国にルーツをもつ子ども家庭も対象とします。

　令和4年7月

南野奈津子

● 目　　次 ●

おわりに

第1部

外国人子育て家庭支援の今

第1章
在日外国人の子ども家庭をどう理解するか

1 移民の家族がおかれる状況

　今、日本では290万人ほどの外国人が、中長期滞在者として暮らしています。観光や商用のために短期滞在する外国人は除いて、です。その内、子どもの数はどのくらいでしょうか。0〜14歳の在留外国人数を算出すると約25万人ほどで、外国人総数の8.5％を占めます。少子化の進む日本で、総人口に0〜14歳人口の占める割合は12.5％になりますが、それよりも少ない状況です。

　少ない理由はいろいろありますが、理由の一つに、「技能実習」「特定技能」という資格で来日している外国人労働者約43万人に、家族の帯同や家族の呼び寄せが禁じられている、という事情があるでしょう。このことには後で少し触れます。

　ヨーロッパ（EU諸国）では、外国人や移民が家族を呼び寄せて、家族共々の生活を送ることは、権利とされていて、このため家族移民がたいへん増えています。日本でも、今から10年後には600万人も人口が減る、人口減社会（労働人口減社会）になるのですから、これを補うため、来日する外国人にはより長期に定着して働いてもらい、待遇を改善し、家族も一緒に住めるようにするのがよいと思うのです。

　その家族移民のまだ少ない日本ですが、それでも国籍別にみると、在日ブラジル人では子ども人口（0〜14歳人口）が17％、中国人ではこれが14％と、日本の総人口に対するその比率（12.5％）を超えています。日本で働き、暮らすブラジル人の多くは日系人で、日系人は家族の帯同または呼び寄せは自由とされていて、家族生活をエンジョイする姿もみられます。

　一方、子どもの比率が低いのはベトナム、韓国で、４～５％にすぎません。韓国人における子どもの少なさはどうでしょう。いわゆる在日コリアンは三代も四代も前から日本に住んでいる人々で、家族移民の代表のように考えられてきたのに、子どもの少なさは驚きです。理由はたぶん、日本人と同様に彼らにおいても少子化が進んでいること、またコリアンの若者と日本人との国際結婚が多く、そこで生まれる子は日韓の二重国籍になるはずですが、法務省はこれらの子どもを日本人に分類するためだといわれます。

　一方、ベトナム人における子どもの少なさは、在日ベトナム人41万人のうち、約８万人が留学生、約22万人が技能実習生であることが大いに関係しています。外国人労働者の３割程度を占める技能実習生の場合、就労期間が３年、また５年と限られているので、家族の帯同も呼び寄せも認めないことになっています。でも、かれ／彼女らには既婚者も多く、家族を母国に残したまま数年間も異郷で働かねばならず、精神的にきつい（つらい）と語る者もいます。一方、同じ外国人労働者でも、日系人（ブラジル人やペルー人に多い）の場合は、家族の帯同、呼び寄せは自由であることは先に述べた通りです。

2　子どもの出生と登録

　外国人の家族生活の実際に目を向けてみましょう。

　外国人家庭で子どもの出産が予定される場合、妻が早めに母国に里帰りし、親や親族のいるなじんだ環境で出産をし、初期育児を行うという例がなくはありません。しかし、日本において、病院で定期的な健診を受けながら出産することはもちろん可能です。母子健康手帳も交付されることになっており、それには外国語併記版もあります。

　出産費用は、健保が適用されないので、平均50万円程度となり、本人が支払わねばなりませんが、後に「出産育児一時金」42万円が支払われますから、この仕組みを知っておくと安心できます。なお、この一時金

が支払われるのは、公的な医療保険の加入者に対してです。もしも、経済的に支払い困難である場合、支払えても健康保険に入っていない場合は、自治体に相談することができます。

　子どもが出生すると、まず行わなければならないことは、出生届を住んでいる市町村の役所に、および親の国籍国の大使館に提出することです。外国人だから日本の役所に届けを出す必要はないだろう、と思いこむのはいけません。届けをしないと、日本で生活するのに住民登録もなく、例えば、予防接種や乳幼児健診の案内も就学案内も送られてこず、また健康保険の被扶養者にもなれず、病気や怪我をしても病院に行くのもむずかしくなります。一方、大使館への届けは、子どもの国籍確認の上で重要です。日本は、出生地主義 (*jus soli*) により国内で生まれた外国人の子に日本国籍を付与するという国ではないので、この届けを怠ると、子どもは無国籍になってしまいます。

　また、生まれた子に在留資格を取得させる必要がありますから、誕生後30日以内に出入国在留管理庁（その地方出張所）に出生届を出さなければなりません。

　父母の一方が日本人である場合（国際結婚夫婦の場合）、子どもは日本国籍を継承できますが、他方の外国人親を通じて他の国籍を継承するため、二重国籍になる可能性があります。現行国籍法（第15条）により、そうした子は22歳までに[1]いずれか一の国籍を選択しなければならないとされています。しかし、成人して間もないため、まだ自分の今後の生き方（何人（なにじん）として、どの国で生きていくか）を決定的なかたちで選択できないとして、一国籍の放棄に抵抗する若者もいるのが実情です。

3　育児と多文化

　育児は、当然出生直後の0歳児の時から始まります。母国に一時帰国

1　成人年齢の引き下げに伴い、2022年より「20歳まで」となる。

しての出産であれば、親や親族に助けられて、母国風の育児が始まるで
しょうし、親から知恵を借り、助言を受けることができ、不安は少ない
でしょう。しかし異国日本のなかで初めからの育児となると、外国人親
がいろいろ不安、迷い、当惑を感じるのは当然です。

　育児は文化だ、といわれるように、母乳かミルクか、離乳食に何を与
えるか、何を着せるか、乳幼児への語りかけは何語で行うか、などは母
国流、日本流でちがってくるでしょう。国によっては、左利きを非常に
忌む風習があって、生まれた子が左利きらしいとわかると、それを矯正
しようと様々な身体拘束を行うようです。育児相談と助言にあたる保健
師が、「そこまで不自然に子どもの動作をしばらないほうがよい」と注
意したこともあると聞きました。より年長になると、聞き分けのない子
どもに身体的お仕置きをする日本流は「体罰は人格を否定するもの」と
外国人からよく批判されますが、欧米系の親はしつけとして子どものお
尻を叩くことがあるし、南米出身の親は「ベルトで子どもを叩くのが当
たり前」だと主張するそうです（岡崎秋香「親による虐待、ネグレク
ト」、荒牧重人他編『外国人の子ども白書』明石書店、2017年）。

　最近では、少なくとも都市部では、人の国際化、多国籍化も進んで、
様々な育児のスタイルがあることが知られ、その多様な育児スタイルに
社会もあまり干渉しません。

　一方、その多国籍、多民族の子どもたちが、極端には0歳児から、日
本の保育園で多くの時間を過ごすようになり、日本的保育文化の下でケ
アされることになっています。日本的なものが最も強く表れるのは昼の
給食で、だいたい献立は一般に日本で食されているものが多く、外国人
の子どももこれを食べなければなりません。ムスリム（イスラム教徒）
の子どもがいれば、配慮が必要となります。保育の方針に対し、たずね
れば、他文化からの色々な感想、意見が出てきます。ブラジル人やフラ
ンス人の親からは「一斉のあいさつや、集団行動ができることが重視さ
れ、規律中心と感じられる。もっと子どもの自発性や個性を尊重してほ
しい」という声も聞かれます。一方、中国人の親などからは「もっと厳

しいしつけをしてほしい、字を教えるなどの教育を行うべきだ」という
声も上がります。国際化が進むなか、保育文化がどうあるべきかも問わ
れています。

　国際結婚家庭のなかでの育児は、とかく文化衝突となりやすいもので
す。親が子どもに語りかける言語を何語にすべきか、父母が話し合いの
上で一言語に決める場合もあります（その場合日本語となることが多
い）。子どものバイリンガル化をよしとし、父母がそれぞれの母語を
使って語りかけることもありますが、将来子どもを国際学校（インター
ナショナルスクール）に入れることを望み、父母のいずれの母語でもな
い英語を会話言語にするという家庭もありました。

　問題は、父母の力関係によって、または祖父母の強い干渉によって、
一方的な言語選択が押し付けられる場合でしょう。日本人男性と結婚し
たフィリピン人女性Rは、夫の両親からイエに入ったヨメ扱いをされ、
生まれた女児にマリアとかローザといった名前を付加することも、母語
（フィリピノ語）で語りかけるのも厳禁され、夫もこれに同調し、彼女
は自分のアイデンティティも否定されたようで、淋しいと言っていまし
た。

4　外国人労働者家庭と子どもたち

　滞日外国人のうち、在留資格「定住者」「技能」「技能実習」などが充
てられている者はたいてい、マニュアルワーク（体を使う仕事）に従事
している、狭い意味での外国人労働者と言えましょう。数にして70万人
くらいでしょうが、先に述べた理由からこのうち家族帯同者は３割程度
であり、その労働者家庭は、家族関係からみて、次のような特徴を示し
ます。

　限られた額の時給で、長時間労働をこなす者が多く、夫婦共働きで朝
早くから夜まで家庭に不在で、親子の触れ合いの時間が少ないのです。
保育施設で過ごす時間が長すぎ、子どもはストレスを感じています。共

働きと言いましたが、妻のほうは夕方から職場に行ったり、深夜〜明け方に働いていたりします（コンビニ店の弁当や惣菜づくりなど）。生活時間が食い違い、やはり親子間、夫婦間の共に過ごし、語り合うような時間がなかなかとれないと言います。中国人家庭で、割に多いのは、自営業（料理店など）の切り盛りのため、またはそこで料理人、店員として働くため、父母がそろって1日12時間以上も外に出ていて、子どもは一人でいる時間が長く、特に忙しくなると、子どもを一時的に母国の祖父母の許に預け、また連れもどす、という生活をしている例もあります。「子どもが親になつかず、親の愛情を信じていないようにみえる」という外国人支援ボランティアの感想を聞いたこともあります。結果的に、ネグレクト（育児放棄）に近い状態にもなりかねません。

　低賃金（低時給）を長時間労働によってカバーするという出稼ぎ型の就労スタイルをやめないかぎり、こうした家族生活の危機、特に親子関係のそれは避けられないでしょう。

　ちなみに、こうした家庭のなかでは、「ダブルリミテッド」あるいは「セミリンガル」と俗に呼ばれる子どもが生まれやすくなります。日本語を学ぶ、または指導される環境がないところへもってきて、家庭内での母語（ポルトガル語、スペイン語、中国語など）による活発な会話がもたれることもなく、両言語能力とも未発達なまま幼年期を過ごすことになるからです。ブラジル人労働者家庭の子どもで、小学校入学時に教育委員会によって行われた言語調査で、「長い（comprido）」と「大きい（grande）」の形容詞を取りちがえるケースがかなりあったと言います（宮島喬・築樋博子「親の就業形態とライフスタイルが子どもの就学に及ぼす影響」宮島喬編『外国人児童・生徒の就学問題の家族的背景と就学支援ネットワークの研究』［科学研究費報告書］、2007年）。

　先にも述べた、家族の呼び寄せを禁じられている「技能実習」、「特定技能1号」などの資格で滞在している外国人のケースに一言します。技能実習生をとってみると、ベトナム、中国、インドネシアなどの出身者が多いのですが、年齢30代、既婚男女も少なくありません。かれ／彼女

らは、配偶者と子どもを国に残して働きに来ているわけで、その期間は3年あるいは5年と続きます。「小学校入学前の子どもを置いて来日した母親である（技能）実習生の場合、子どもと会いたさにホームシックとなっている人が少なくなかった」という報告もあります（上林千恵子「外国人労働者の権利と労働問題」宮島・吉村編『移民・マイノリティと変容する世界』法政大学出版局、2012年）。

　こうした状況を踏まえ、家族が引き離されず、一緒に暮らすことは基本的人権の一つではないか、外国人労働者の家族帯同の禁止は、この人権の保障にも、「子どもの権利条約」（第10条）[2]にも反するのではないか、という議論も起こっています。

5　外国人家庭と学校

(1)　就学、不就学

　外国人親でおよそわが子の教育に無関心という人はいません。しかし、学齢期に達すれば99パーセントの子どもが公立、私立の義務教育学校に通いはじめる日本人の場合と異なり、在日外国人の子どもの就学率は小中学校という義務教育課程で、85％程度ではないかとみられます（2019年文部科学省の全国調査[3]、外国人学校通学者もカウントしての結果）。

　外国人親のなかには、日本に定住するか、いずれ帰国するか迷い、文化の選択も頭におきながら、子どもの通うべき学校を決めようとし、日本の学校制度がよくわからず、決められない人もいます。当の子どものほうは、「日本語がわからないから日本の学校に行きたくない」と強く抵抗する。一旦通ってみたが、授業がわからず、不登校になる。そうい

2　同条では「家族の再統合［呼び寄せ］を目的とする入国は、締約国は人道的・積極的に扱うべき」とうたわれている。
3　文部科学省「外国人の子供の就学状況等調査結果」

うわが子を、親として「絶対学校に行きなさい」と無理強いはできません。そんなところから不就学児が生まれるようです。

　自治体の教育委員会が「外国人就学相談」の担当者を置く、または教育経験が豊かな人々のつくるNPOがそれにあたり、親身になって外国人親の相談に乗り、助言を与えるようにすれば、不就学もだいぶなくせるように思うのですが、どうでしょうか。

(2)　学校の指導と外国人児童への視線

　国籍、出自、性別などを問わず、すべての子どもが一緒のクラスのなかで平等に教育を受ける——これは、学校教育の基本です。ですから、学校は、日本語のほとんどわからない外国人の子どもも受け入れて、日本人など他の子どもたちと一緒のクラスで平等に学ばせます。しかし、ニューカマーの子どもはもともと母語が日本語ではないですから、言語マイノリティといってよく、彼らに配慮をし、特別な日本語指導をしなければなりません。先に述べた平等な教育と、今述べた特別な指導は矛盾するのではないかという議論があるかもしれません。しかし、そうではなく、日本語の特別指導があってこそ、平等へと一歩二歩と近づくことができるか考えるべきです。外国人の多住地域の学校に設けられる国際教室や、就学前児童を対象とするプレスクールは、そうした配慮を示すものです。

　学校がこのように日本語の特別な指導をすることは必要で、望ましいことですが、本人や保護者にとっては少し不安がありましょう。

　子どもたちが日本の学校に入学または編入するとき、国際教室で指導を受けさせるか否かを決めるため、本人に面接したり、会話テスト、日本語語彙テストを行うことがあります。国際教室担当の教員やその他の指導スタッフが、絵カードを見せて「これは何ですか？」とたずね、「イヌ」とか「ゾウ」とか「デンシャ」と答えさせたり、家族のこと、好きな食べ物などについて簡単な質問をし、答えを聞いたりします。しかし、日本語での質問の意味がわからず、黙ったままでいたり、慣れ

ない場の雰囲気に気圧されて、言葉がスムーズに出なかったり…、くり返し聞いても、同じ状態が続くような場合、学校側は、どんな判定をするでしょうか。単に日本語の習得のできていない子とみずに、発達障害ではないかとみなすこともあるようです。親が学校に呼び出され、子どもの状態をいろいろと聞かれ、たいてい「家では普通の子で、コミュニケーションもちゃんとできている」と答えますが、結局、学校は当の子どもを特別支援学校（学級）に入れてしまうことがあります。

　発達障害とは、専門家が診断、判定すべき障害です[4]。日本語が分からないだけなのに、それが発達障害と判定されたのではないかという疑問が残り、家族は無念の思いを抱きながら、学校の措置を受け止めます。あるNPO法人の行った調査では、愛知、静岡など外国人居住の多い4つの県の小学校では、外国人児童の6.15％が特別支援学級に在籍し、日本人児童の1.48％の4倍強だったそうです（金春喜『「発達障害」とされる外国人の子どもたち』明石書店、2020年、37頁）。常識で考えても、異常と感じられる数字です。

　教育をよりよく進めるために、子どもの日本語能力を検査したり、観察することは必要でしょう。しかし、その所見から安易に「発達障害」という類推に走ってしまうのは、教育者の見方にも、多文化尊重の精神にも反するものです。

4　「発達障害」とは「自閉症、アスペルガー症候群その他の広汎性発達障害、学習障害、注意欠陥多動性障害その他これに類する脳機能障害」と定義される（発達障害者支援法［2004年］第2条）。

第2章
外国人子育て家庭の基礎情報を理解する

　筆者は、外国人に関する課題を調べたり学んだりするときには、まずは様々な関連データを眺めてみることにしています。その理由は2つあります。まず、「○○が最近増えている」、「○○が増えているのだから学校でもこうなんだろう」などの認識は、時として間違っていることもあります。自分の理解や認識が、事実とは異なる推測によるものかを確認し、そうであれば修正する必要があります。次に、データから「なぜそうなっているのか」そして「今後どんな支援が必要か」を考えるため、文字化されないストーリーをデータから考えるためです。数値が人々のどのような実情を示しているのかを考えることは、地域で支援を行う方向性を検討するうえで、とても重要です。

　本章では、様々な統計をもとに、外国人子育て家庭の状況をみていきます。外国人に関連する統計は、法務省、テーマによっては厚生労働省、文部科学省の統計が中心となります。これらの統計での対象は、多くの場合、法務省が規定している「在留外国人」です。「在留外国人」とは、平易に言うと「日本に3か月以上滞在する中長期滞在者で、日本国籍以外の人」です。しかし「外国人子育て家庭」イコール「在留外国人家庭」ではありません。日本国籍であるものの、生活は日本以外の国や文化に根ざす子どもや保護者、も含まれます。つまり、そうした統計には表れない「外国人子育て家庭」が多く存在する、ということになります。

　外国人子育て家庭は、文化や宗教の多様性もふまえると、さらに細分化されていきます。「○○の出身だから、きっとこういう感じなのだろうな」と国籍だけのイメージで目の前の子どもや家族をとらえると、実は日本の滞在年数や来日時期などの違いにより、以前に接した同じ国の

出身者とは全く違う、などということもあります。

　「外国人子育て家庭とは誰を含むのか」を確認するとともに、基礎的な知識として、国籍、そして在留資格について簡単に知っておくことも大切です。ここでは、まず外国人子育て家庭という対象について、そして外国人をめぐる法的制度の基礎情報にふれたうえで、近年のデータから外国人子育て家庭の実情をみていきましょう。

1　外国人子育て家庭とは誰のこと？

　様々な書籍や資料では、「外国籍児童（子ども）」、「在日外国人の子ども」、「外国にルーツをもつ子ども」、「多文化背景をもつ子ども」などの表記が使われています。厳密なルールがあるわけではなく、各領域や文脈の中で適宜選択されているのが実情です。

(1)　「外国籍」の中にある多様性

　「外国籍の子どもや家族」は、以下のように分類することができます。

A：両親が外国籍
　　①父母の国籍は同じ
　　②父母の国籍が異なる
B：両親のいずれかが日本人
　　①父は日本国籍で母は外国籍
　　②母が日本国籍で父が外国籍

　A①の場合、子どもの国籍は外国籍（父母の国籍）になります。ただ、父母の出身国が出生主義（生まれた国で国籍を取得することができる）をとる場合、例えば父母の国籍は中国だが、子どもを米国にて出産し、子どもの国籍は米国を選択した、ゆえに両親は中国で子どもは米国、といった例もあり得るでしょう。

　A②の場合、例えば父はドイツ、母はイタリアといった例です。その場合、子どもの国籍は、母国の国籍法に照らし合わせて取得しますが、いずれにしても両親のどちらかの国籍になります。

　Bは、実際にはその多くが国際結婚家庭です。日本は血統主義、つまり血のつながりに基づき国籍が決まるという規定なので、B①、つまり母親が外国籍であれば子どもは外国籍、B②、つまり母親が日本国籍であれば子どもは日本国籍となります。日本の国籍法では、2つの国籍を維持する（重国籍）ことを22歳まで（2022年4月からは20歳まで）認めています。子どもは、その年齢に達するまでには、いずれかの国籍を選択することになります。

　両親が結婚していない状態、つまり未婚での出産や離婚している場合、B①のケースだと、子どもは外国籍となります。しかし、B①のケースでも日本人の父親が子どもを認知すれば、子どもは日本国籍の取得も可能です。もし子どもの国籍問題があった場合は、親の国籍の国の国籍法を調べたり、あるいはその国の大使館に相談したりする事例もあります（難民申請中の場合、大使館への相談は行わない方がよい）。このように、国籍ひとつをとっても、多文化背景をもつ子どもたちは様々なパターンがある、ということになります。

(2)　外国人と「在留資格」

　「在留資格」という言葉は、聞いたことはあるけど詳しくは知らない、という人も多いでしょう。特に福祉的な支援が必要な外国人の場合、在留資格とは何か、そしてそれが外国人の生活にどのように影響を与えるのかを知っておくことが大切です。

　在留資格は、外国人の滞日期間、できることなどを規定しており、それらに関するルールを守ることが求められています。3か月以上日本に滞在する外国人は、日本で何らかの「目的・滞在事由」をもって滞在し、その活動を行うということを前提としています。その「目的・滞在事由」つまり「日本に90日以上滞在する際に行う活動をする資格」が

「在留資格」です（外国人は「ビザ」と表現する人も多いようです）。ここでいう「活動」とは、「仕事やすることの領域」です。大使館勤務であれば「外交」という在留資格をもって日本に滞在し、大学に留学している人は「留学」という在留資格をもっています（表2.1）。在留外国人は、年齢を問わずこの在留資格をもっています。いうまでもなく、日本国籍をもっている人は、出生が外国であろうと、仮に日本語を話すことができない状況であろうと、在留資格をもつ必要はありません。

表2.1　在留資格の一覧

外交	外国政府の大使、公使等およびその家族
公用	外国政府等の公務に従事する者およびその家族
教授	大学教授等
芸術	作曲家、画家、作家等
宗教	外国の宗教団体から派遣される宣教師等
報道	外国の報道機関の記者、カメラマン等
高度専門職	ポイント制による高度人材
経営・管理	企業等の経営者、管理者等
法律・会計業務	弁護士、公認会計士等
医療	医師、歯科医師、看護師等
研究	政府関係機関や企業等の研究者等
教育	高等学校、中学校等の語学教師等
技術・人文知識・国際業務	機械工学等の技術者等、通訳、デザイナー、語学講師等
企業内転勤	外国の事務所からの転勤者
介護	介護福祉士
興行	俳優、歌手、プロスポーツ選手等
技能	外国料理の調理師、スポーツ指導者等
特定技能	特定産業分野に属する相当程度の知識または技能を要する業務に従事する外国人
技能実習	技能実習生

文化活動	日本文化の研究者等
短期滞在	観光客、会議参加者等
留学	大学、短期大学、高等専門学校、高等学校、中学校および小学校等の学生・生徒
家族滞在	在留外国人が扶養する配偶者・子
特定活動	外交官等の家事使用人、ワーキング・ホリデー、経済連携協定に基づく外国人看護師・介護福祉士候補者等
永住者	永住許可を受けた者
日本人の配偶者等	日本人の配偶者・実子・特別養子
永住者の配偶者等	永住者・特別永住者の配偶者、我が国で出生し引き続き在留している実子
定住者	日系3世、外国人配偶者の連れ子等

法務省（2019）より筆者作成

　外国人は、「在留カード」を携帯することが義務付けられています。在留カードには、在留資格の種別、住所などが記載されており、身分証明書の役割を果たしています（図2.1）。

　外国人は、原則として在留資格として規定された内容以外の活動を行うことができません。例えば、日本で英語を教えるために「教育」の在留資格をもって日本に在留している外国人は、変更の手続きを行わずに

図2.1　在留カード

出典：出入国在留管理庁ホームページ

「転職しよう」と言ってレストランを開くこと（在留資格では「技能」）はできません。

　在留資格は一定の年限ごとに更新する必要があります。更新の年限は、運転免許のように一律ではなく、在留資格、そして個人ごとに異なります。子どもが生まれた際には、親と同じ在留資格が自動的に子どもにも与えられるわけではなく、保護者は、出生届を母国の大使館に提出し、一方では子どもの在留資格を取得するための手続きを出入国在留管理庁で行う必要があります。また、結婚すれば外国籍の人が自動的に日本国籍になるわけでもありません。結婚した時にも、または離婚した時にもそれまでの在留資格の期限が切れる前に、在留資格を変更する必要があります。在留資格の変更が必要となった場合の変更手続きを行わずに、別の活動をした、あるいは在留カードに示された期限を超えたのに更新の手続きを行わなかった、といったことがあると、「超過滞在」（または非正規滞在。法務省では不法滞在と称している）となり、出入国在留管理庁の外国人収容センターへの収容や、「退去強制」つまり日本からの出国を命じられるなど、厳しい措置がとられることになります。

　在留資格のうち、「身分又は地位に基づく在留資格」とされている「定住者」（主に日系人）、「永住者」、そして多くは国際結婚での外国人の配偶者やその子どもなどの「日本人の配偶者等」などは、在留中の活動に制限がありません。そのため、就労時間の制限はありませんし、転職も可能です。また、これらの在留資格をもつ人は、行政措置として、生活保護の対象となります。

　外国人から相談を受け、その内容が経済的なこと、あるいは仕事での問題に関するものであった場合、日本人であれば「転職して生活再建しましょう」または「生活保護の申請を検討してみては」という支援ができます。しかし外国人の場合、在留資格の仕組み上、手続きなしに全く違う業種に転職したり、生活保護の申請を考える、ということは全員ができるわけではないのです。

　在留資格について専門的な知識をもつ必要は必ずしもないかもしれま

せんが、在留資格の基本的な仕組みを知っておくと、支援に役立つだけでなく、外国人との会話で在留資格の話が出た際も理解しやすくなります。また、外国人に対するドメスティックバイオレンスでは、外国人女性が「在留資格の更新の協力をしなければお前はこの国から出ていかなければならないんだぞ」などと言われて被害を受ける状況から逃げることができない例もあります。在留資格は、日本での在留を保障するものである一方、時に「足かせ」にもなり得るのです。

2 データから読み解く外国人の子どもの実情

　ここでは、外国人に関する主要なデータ、そして外国人子育て家庭に関する統計データをみていきましょう。

(1) 在留外国人数の状況

　日本における在留外国人数は、令和2年末（2020年末）にはその数は約288万7千人となっており、人口の約2.3％を占めます。コロナ禍によりこの1、2年は減少したものの、全体的には増加傾向にあります。男女比はほぼ半々ですが、フィリピン国籍は女性が約7割、アフリカ系の国では男性が約7割など、国による違いはあります。

　国籍別にみると、最も多い順に中国、ベトナム、韓国となっており、この3か国出身者で60％弱を占めます。近年、ベトナム、ネパール出身者が大きく増加しています。背景として、日本での労働力不足、特に製造業や建築業などでの労働力不足への対応として、「外国人技能実習生制度」が1993年に制度化されたことがあります。この制度は2017年に改正され、介護などの職種が追加されました。この制度を利用して、母国家族への仕送りや技術の習得などを求め、かつ政府による後押しもあり、多くのベトナム人が来日しました。

図2.2　在留外国人数の推移

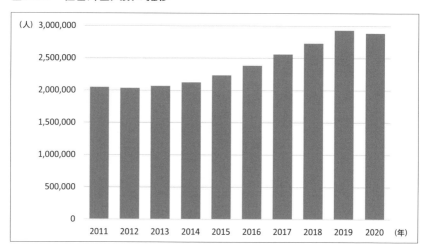

法務省（2021）より筆者作成

表2.2　在留外国人数の推移：国籍別

単位：人

国名	平成 23年末 2011	平成 24年末 2012	平成 25年末 2013	平成 26年末 2014	平成 27年末 2015	平成 28年末 2016	平成 29年末 2017	平成 30年末 2018	令和 元年末 2019	令和 2年末 2020
中　　　国	668,644	652,595	649,078	654,777	665,847	695,522	730,890	764,720	813,675	778,112
ベトナム	44,444	52,367	72,256	99,865	146,956	199,990	262,405	330,835	411,968	448,053
韓　　　国		489,431	481,249	465,477	457,772	453,096	450,663	449,634	446,364	426,908
フィリピン	203,294	202,985	209,183	217,585	229,595	243,662	260,553	271,289	282,798	279,660
ブラジル	209,265	190,609	181,317	175,410	173,437	180,923	191,362	201,865	211,677	208,538
ネパール	20,103	24,071	31,537	42,346	54,775	67,470	80,038	88,951	96,824	95,982
インドネシア	24,305	25,532	27,214	30,210	35,910	42,850	49,982	56,346	66,860	66,832
台　　　湾		22,775	33,324	40,197	48,723	52,768	56,724	60,684	64,773	55,872
米　　　国	49,119	48,361	49,981	51,256	52,271	53,705	55,713	57,500	59,172	55,761
タ　　　イ	41,316	40,133	41,208	43,081	45,379	47,647	50,179	52,323	54,809	53,379
そ　の　他	244,677	284,797	290,098	301,627	321,524	345,189	373,339	396,946	424,217	418,019
総数	2,047,349	2,033,656	2,066,445	2,121,831	2,232,189	2,382,822	2,561,848	2,731,093	2,933,137	2,887,116

法務省（2021）より筆者作成

図2.3　在留外国人の状況：都道府県別

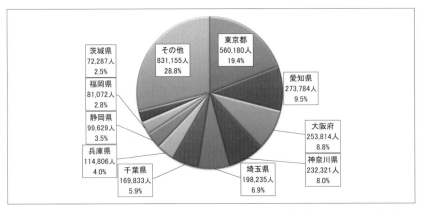

法務省（2021）より筆者作成

　次に都道府県ごとの在留外国人数を、０歳から18歳未満の子どもの状況とあわせてみてみましょう。まず、在留外国人全体、そして０歳から18歳未満の人口を多い順に並べたものが表2.3です。年齢問わず、人口が多い都道府県に居住地が集中しており、東京都で全体の約20％を占めています。こうしてみると、総人口の差もあるとはいえ、都道府県での差が非常に大きいことがわかります。外国人の場合、同じ国の出身者のコミュニティに支えられていることも多いといえますが、外国人数自体が非常に少ない地域では、生活圏で同じ国の出身者に出会うことも難しい、という地域もあります。こうした点をふまえて、支援のありかたも考える必要があるでしょう。

表2.3　在留外国人数：都道府県別・年齢別・人口順

都道府県	人数	都道府県	人数
総数	2,887,116	総数（０歳-18歳未満）	281,353
東京都	560,180	東京都	55,114
愛知県	273,784	愛知県	36,149
大阪府	253,814	神奈川県	27,103

神奈川県	232,321	埼玉県	23,676
埼玉県	198,235	大阪府	19,706
千葉県	169,833	千葉県	17,648
兵庫県	114,806	静岡県	13,529
静岡県	99,629	兵庫県	9,360
福岡県	81,072	群馬県	8,139
茨城県	72,287	三重県	7,471
群馬県	62,749	岐阜県	7,345
京都府	61,696	茨城県	7,245
岐阜県	59,377	福岡県	5,770
三重県	55,982	広島県	4,463
広島県	55,782	栃木県	4,351
栃木県	43,647	滋賀県	3,899
北海道	38,725	京都府	3,680
長野県	36,530	長野県	3,246
滋賀県	33,881	北海道	1,854
岡山県	31,313	富山県	1,816
宮城県	22,890	岡山県	1,761
沖縄県	19,839	山梨県	1,651
富山県	19,356	沖縄県	1,509
新潟県	17,756	宮城県	1,318
熊本県	17,751	石川県	1,040
山口県	17,279	福井県	1,019
山梨県	17,125	新潟県	1,010
福井県	16,156	香川県	890
石川県	15,792	奈良県	880
福島県	15,043	山口県	862
香川県	14,174	島根県	711
奈良県	13,985	福島県	692
愛媛県	13,481	熊本県	647
大分県	13,216	大分県	544
鹿児島県	12,204	愛媛県	522

長崎県	9,955	長崎県	411
島根県	9,324	鹿児島県	381
山形県	7,826	徳島県	336
岩手県	7,782	和歌山県	302
宮崎県	7,736	佐賀県	297
和歌山県	7,272	高知県	287
佐賀県	7,116	山形県	285
徳島県	6,627	宮崎県	271
青森県	6,165	鳥取県	255
鳥取県	4,949	青森県	237
高知県	4,832	岩手県	236
秋田県	4,220	秋田県	166
未定・不詳	21,622	未定・不詳	1,269

＊0歳－18歳未満は内数　　　　　　　　　　　法務省（2021）より筆者作成

　次に、国籍分布を在留外国人の総人口と18歳未満の児童にわけてみてみましょう（図2.4、2.5）。0歳から18歳未満の人口をみると、全体での順位とは違い、多い順に中国、ブラジル、フィリピン、韓国、ベトナムとなります。

　この数値の違いには、いくつかの歴史的な背景が影響を与えています。まず一点目は、1990年の出入国管理及び難民認定法（以下「入管法」）の影響です。製造業を中心とした人手不足への対応として、入管法が改正され、「定住者」が在留資格に加えられました。そのことで、血のつながりを根拠として日系ブラジル人などの在留が認められた結果、東海地方や北関東など製造業が盛んな地域で日系ブラジル人、日系ペルー人が急増しました。彼らの多くは、そのまま地域で家族を持ち、定住しました。また、時期をほぼ同じくして、「興行」の在留資格で来日し、就労するフィリピン人女性が急増し、彼女たちの多くが日本人男性と結婚しました。こうした家族の子どもが今、日本で生活しています。こうしたことが、18歳未満のブラジルやフィリピン国籍者の数の多

図2.4　在留外国人（全体：国別割合）

図2.5　在留外国人
（0歳-18歳未満：国別割合）

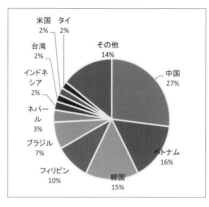
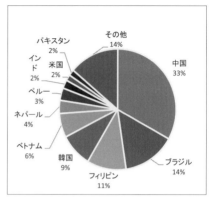

法務省（2021）より筆者作成

さにつながっています。

　次に居住地域をみてみると、0歳から18歳の子どもの場合、2020年末時点において最も多いのが東京都、そして次に愛知県となっています。国籍ごとでみると、ブラジル国籍の子どもの割合が多いのは、愛知県、静岡県、群馬県、岐阜県、滋賀県です。これも、親世代が移住労働者として来日した際に、多くの就労先が愛知県であったことによるものです。言語や子育て文化をふまえて子育て支援を考えるうえでも、全年齢のデータと子どものデータは違うことを意識する必要があるでしょう。

表2.4　0歳から18歳未満の外国人数：上位5都道府県

		中国		ブラジル		フィリピン		韓国		ベトナム
	総数	93,490	総数	41,016	総数	30,704	総数	25,244	総数	18,271
都道府県	東京都	25,307	愛知県	13,327	愛知県	5,922	東京都	7,398	神奈川県	2,509
	埼玉県	11,830	静岡県	6,790	東京都	2,945	大阪府	4,662	愛知県	2,413
	神奈川県	10,696	群馬県	2,838	神奈川県	2,567	兵庫県	2,019	大阪府	2,124
	大阪府	8,399	岐阜県	2,783	岐阜県	2,528	神奈川県	1,593	埼玉県	1,888
	千葉県	7,966	滋賀県	2,108	静岡県	2,489	愛知県	1,570	東京都	1,737

法務省（2021）より筆者作成

(2)　国際結婚と外国人の子どもの出生

①国際結婚

　令和元年の人口動態統計によれば、全婚姻のうち、3.7％が国際結婚でした。ちなみに、国際離婚の割合は5.1％と若干高くなります。組み合わせは、いずれも妻が外国人の夫婦のほうが多く、夫婦の国籍の組み合わせとしては、「夫日本人・妻外国人」の場合は①中国②フィリピン③韓国・朝鮮、そして「夫外国人・妻日本人」の場合は①韓国・朝鮮②中国③米国の順に多くなっています。

表2.5　国際結婚の状況

	総数（％）	夫妻とも日本	夫妻の一方が外国	夫日本・妻外国	妻日本・夫外国
国際結婚	100	96.3	3.7	2.5	1.2
国際離婚	100	94.9	5.1	3.7	1.4

厚生労働省（2020）より筆者作成

②出生

　2019年人口動態統計によれば、両親のうちいずれかが外国人である子どもの出生は、全出生数84万7,836人のうち17,403人で、全体の2％でした。両親の国籍の組み合わせをみると、中国、そして韓国・朝鮮出身の父または母との組み合わせが全体の約半数となっています（図2.6）。

(3)　教育

　文部科学省は、「日本語指導が必要な児童生徒の受け入れ状況」について、2年に一度調査結果を公開しています。それによると、日本語指導が必要な児童生徒数は、外国籍、日本国籍共に増加しています。国籍は日本であるものの、日本語の習得に課題を抱えている児童数が実は非常に多いことがわかります（図2.7）。日本国籍、ということは、多くの場合国際結婚の家庭に生まれた子どもとなります。ここから、家庭で

図2.6　両親のいずれかが外国人の出生児：両親の国籍の割合

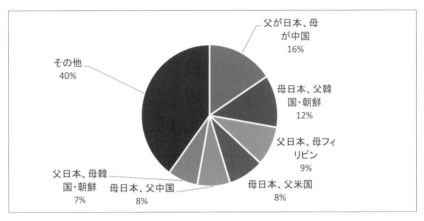

厚生労働省（2020）より筆者作成

の使用言語が日本語ではない家庭が実は非常に多いことがわかります。

　図2.5で、18歳未満の在留外国人児童を国籍順にみると、多い順に中国、ブラジル、フィリピン、韓国、となっていますが、日本語指導が必要な児童生徒の母語の状況をみると、多い順にポルトガル語、中国語、フィリピノ語、スペイン語となっており、ここでも外国人児童全体と支援を要する児童の数は、それぞれ国籍が異なることが窺えます（図2.8）。

　都道府県別にみると、日本語指導が必要な児童生徒数の場合、愛知県は東京都の約２倍で他の都道府県よりはるかに多く、神奈川県、東京都、大阪府、静岡県と続いています（図2.10）。表2.3にもあるように、外国人児童数を都道府県別に多い順に並べると、東京都、愛知県、大阪府、神奈川県、埼玉県、となり、関東圏に集中していたのが、日本語指導を要する児童生徒数では、関西・東海地方での数が多くなります。日本語指導の必要な児童生徒の課題は、その後の進路への影響も大きいことが、文部科学省の資料からも明らかになっています。日本語指導が必要な高校生等は、高校の中途退学率は高く、その後の進学率は低く、進学も就職もしていない者の率が高い実情があります（表2.6）。

図2.7　日本語指導が必要な外国籍の児童生徒数

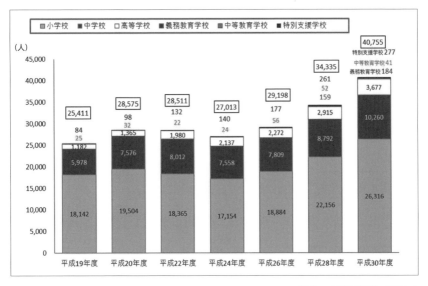

出典：文部科学省（2020）

図2.8　日本語指導が必要な日本国籍の児童生徒数

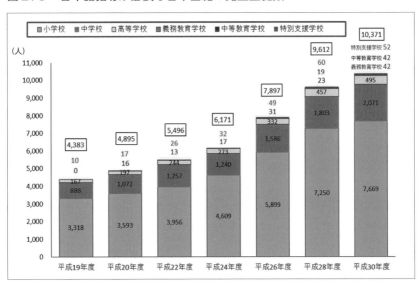

出典：文部科学省（2020）

図2.9　日本語指導が必要な外国籍の児童生徒の母語別在籍状況

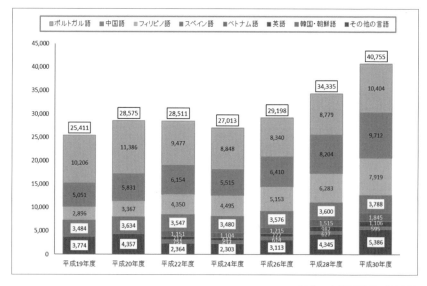

出典：文部科学省（2020）

表2.6　日本語指導が必要な高校生等の中途退学・進路状況

	中退率(%)	高等学校等を卒業した後大学や専修学校などの教育機関等に進学等した生徒の割合（進学率）（%）	進学も就職もしていない者の率（%）
日本語指導が必要な高校生等	9.6	42.2	18.2
全高校生等	1.3	71.1	6.7

＊中退率では特別支援学校の高等部は除く

文部科学省（2020）より筆者作成

　外国人子育て家庭への日本語指導のニーズは、在留数が多い国籍の子ども家庭とニーズが高い子ども家庭が比例するわけではなく、また在留外国人の居住者数が多い地域ほど支援が必要な状況にある、ということでもないようです。また、日本社会側の支援体制の整備状況次第で、支援が必要となるような状況になる子ども家庭の数も変わるでしょう。い

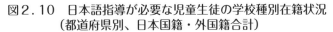

図２.10　日本語指導が必要な児童生徒の学校種別在籍状況
（都道府県別、日本国籍・外国籍合計）

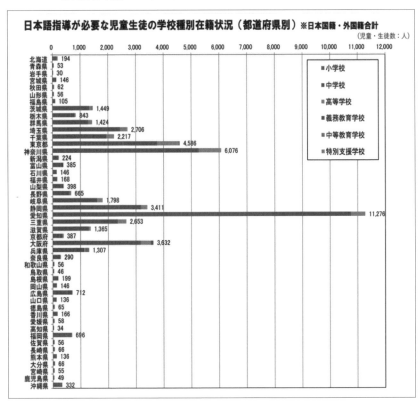

出典：文部科学省（2020）

かに、地域ごとの外国人の居住者特性を理解し、かつ支援提供体制も理解したうえで、それぞれの状況に応じたアプローチを行うか、という視点が重要となります。

まとめ

ここまで、様々な外国人の子どもに関するデータを紹介してきまし

た。外国人の子どもや保護者に関するデータは、今まで国籍別や在留資格別、といった詳細なデータの収集が十分に行われていなかったこと、そして回答者が外国人である場合、調査票が日本語のみであったり、またはすべての言語で翻訳されていなかったりすることもあり、まだ情報が揃っている状況にはなっていません。また、後述する養育問題や障がいなどの福祉課題を抱えている場合、状況が表面化しづらいこともあり、その実態はまだ十分に把握できていないところもあります。そうはいっても、現在存在する数値データを眺めてみることで、その裏にある実情や、外国人の子どもや保護者の「声」が聞こえてくるかもしれません。今後も、様々な領域で調査を重ね、そのデータを総合的に分析していくことが大切です。

引用・参考文献

法務省出入国在留管理庁（2021）

・「プレスリリース　令和2年末現在における在留外国人数について」
　http://www.moj.go.jp/isa/publications/press/13_00014.html

・e-Stat政府統計の総合窓口
　https://www.e-stat.go.jp/stat-search/files?page=1&toukei=00250012
　&tstat=000001018034

・在留資格一覧表（令和2年9月現在）

厚生労働省（2020）「令和元年（2019）人口動態統計（確定数）の概況」
　https://www.mhlw.go.jp/toukei/saikin/hw/jinkou/kakutei19/index.
　html

文部科学省（2020）「「日本語指導が必要な児童生徒の受入状況等に関する調査（平成30年度）」の結果について」
　https://www.mext.go.jp/b_menu/houdou/31/09/1421569_00001.htm

第3章
行政と地域の連携による多文化共生を目指した子育て支援

1 自治体と国際交流協会の連携

(1) 行政サービスと外国人住民

　母子手帳、出生届、予防接種、乳幼児検診、保育園、義務教育など、日本で子供を育てるにあたって、誰もが関わるのが住民票を置いている市町村役場です。外国人住民にとっても、生活に密接した身近な存在である地方自治体、特に市区町村といった基礎自治体は、日々の相談対応を通して、多文化共生の最前線として様々な実践を重ねています。

　日本では、日本国籍を持たない中長期滞在者（3か月以上の在留資格）は、出入国在留管理庁から「在留カード」を交付され、居住地の市区町村役場に住民登録することで、国籍に関係なくこうしたサービスを受けられるはずです。しかし、多言語対応や教育環境に地域差がある状況は続いています。

　現在、技能実習生や留学生の増加に伴い、例えば、人口1万人未満の町村でも増加が見られ[1]、これまで外国人を見かけなかった多くの地域で多文化共生施策が必要な状況となりました。技能実習生については、家族滞在が認められていないものの、妊娠等を理由とした不利益扱いはもちろん禁止されています[2]。「児童の権利に関する条約」では「初等教育を義務的なものとし、すべての者に対して無償のものとする」とあり、国連人権規約から鑑みても、実質的にどこの自治体にあっても、適切な対応が求められています。

　1980年代以降、各地において、家族単位での外国人が増加し、「生活者」としての外国人住民への対応ニーズが目に見える形で焦点化されてきた

ことから、自治体では、教育、居住ルール等の生活支援、保健福祉など、各担当課での対応が求められてきました。しかし、情報の多言語化や多言語での相談には、各課対応では限界があることが多く、国際交流の担当課が中心となり、地域人材を活用しての多言語化の推進や人材育成を通して、自治体内での連携推進を含めた多文化共生施策に取り組んできました。

　その多文化共生施策の担当課については、観光振興やまちづくり振興、生涯学習、住民課など、自治体により様々な課が担っており[3]、自治体の規模や体制により、また、取組みの方向性をどこにおくか、外国人数や課題抽出のありかたにより温度感も異なり、連携の形もそれぞれです。外国人を支援する視点から一歩進んで、外国人に地域でもっと活躍してもらうことを目的に担当課を立ち上げた自治体もあります。

　しかし、多文化共生施策全般に言えることですが、特に、子ども支援は、単なる多言語での情報提供だけではなく、教育委員会や福祉、保健医療と担当部局を横断した取組みが必要です。担当課間での連携が円滑に進まなければ、十分な支援に結びつきません。また、成長に応じた個々の対応だけでなく、家族支援も不可欠となるなど、ノウハウの蓄積や地域に支援人材や団体が育っているかが問われます。ボランティアベースで支えられている仕組みについては、必要性を見極めて、持続的で効果的な支援とするための、適正な人材育成や環境整備を行うことが不可欠です。そのための財源も必要です。

　地域差のある課題は、国や都道府県で広域的にカバーする仕組みも必要ですが、各自治体は、まずは、管内の子どもたちの状況をしっかり把握し、確実にニーズを捉え、地域の支援者と切れ目のないタッグを組むことが求められています。

(2)　地域をつなぐ国際交流協会と行政のネットワーク

　行政が外国人住民のニーズ把握をするには、まずは、外国人住民が行政に気軽にアクセスできる環境が必要です。

　市区町村には、地域の実情により全ての自治体に、ではありません

が、自治体での設置、または民間団体への委託等といった形で、国際交流協会があり[4]、多言語相談対応や日本語教室など交流の場の提供、関係団体のネットワークづくりなど、外国人支援の実務を担っています。1980年代から全国的に国際交流を中心とした「地域の国際化」が進められ[5]、行政と地域住民、外国人の接点となる活動が各地に展開されていることは、今後、地域差なく多文化共生施策を進めていくうえでの基盤になると言えます。

　また、都道府県・政令市では、地域の国際交流を推進するにふさわしい中核的な民間国際交流組織として「地域国際化協会」を設置し[6]、より広域的に行った方が効果的な専門人材の育成や、多言語での情報提供・マニュアルやツールの作成、専門相談、モデル的な施策実施等を担っています。

　地域国際化協会を含めた国際交流協会（以下「協会」）における事業運営のメリットは、行政よりも柔軟に専門人材や関係団体と連携し、機動的に支出を行い、計画をスピーディに実施できるところにありますが、活動に成果を上げている協会に共通しているのは、ネットワークを活用し、外国人を含めた地域住民に身近な存在として寄り添った活動を行っている、ということです。支援を効果的に行える環境づくりに向けて、率先してつなぐ役割を果たして動いている、とも言えます。

子ども支援を効果的に行うための「連携の環境づくり」
① 多言語で相談できる環境（行政や協会の相談窓口、学校や保育施設、NPO等の設置する交流の場）が身近にあること
② そこで起こった課題を行政の国際担当部局、教育委員会、生活支援の関連部局が共有していること
③ 課題解決にあたって協会のネットワークや民間団体の専門性を柔軟に活用すること
④ 地域差のない環境を整備するために、管内市町村のニーズを都道府県が把握し的確に調整していくこと

　キャリア形成を見据えた高校進学ガイダンス・相談会や、義務教育に向けたプレスクール、日本語指導・学習指導支援者の派遣といった取組みは、協会が中心に動くことが多くありますが、いずれの団体が主体となっても、①でしっかりとニーズ把握を行い、②③のプロセスで課題分析、情報共有を行い、④を通して広げていくことが必要です。それぞれのアクターがそれぞれの役割を果たして、連携できる環境づくりをしていくことが求められます。

(3)　地域連携を機能させるために

　現場−支援者−行政の「連携の環境づくり」を有効に機能させるには、協会の地域連携の「要」としての機能を充実させることも求められています。すでに、都道府県・指定都市の「地域国際化協会」[7]は、地域の状況に応じて、地域の中間支援組織として、多言語生活相談窓口の運営や、外国人コミュニティとつながるキーパーソンとの連携、関係団体とのネットワーキングや、専門人材育成など事業の実施を通して、きめ細かなニーズ把握を行っており、また、行政とのパイプを活かし、その把握したニーズを行政と共有しながら、実効的な施策の実施を担っています。また、ニーズ把握・施策の実施を担う専門人材の登録、研修の提供や交流の場づくりを通して、ボランティアや支援人材の育成、外国人住民の事業参画に取り組んでいます。

　「連携の環境づくり」を、広域では都道府県単位、身近では市区町村単位で充実させていくには、協会自体の専門性の向上と人材育成が欠かせません。多文化共生に係る支援にあたっては、特に、先進自治体等の事例やノウハウの共有が有効です。そこで必要とされるのが、日頃からの支援者同士のネットワークです。都道府県内で市町村間、また団体間で横のネットワークを、となったときは、地域国際化協会が管内の調整役を果たしていくことが、今後ますます求められるでしょう。

　全国的なネットワークについては、全国の地域国際化協会の連絡協議会事務局を務める（一財）自治体国際化協会（CLAIR、以下「クレ

ア」)[8]が、行政・協会・関係機関を結ぶ中間支援組織として、関係者が学び合う場を提供するとともに、自治体の地域国際化のノウハウの共有を通した地域差のない環境づくりに取り組んでいます。全国の支援者とつながっている立場を活かし、外国人住民や現場の声を国の関係省庁に届ける公聴機能を持つとともに、全国の協会、関係団体の取組みをSNSを含む媒体で発信する広報機能も果たしており、支援者にとっても身近な存在となりつつあります。

　クレアのHPでは、子ども支援の取組みも数々紹介しており、「地域国際化協会ダイレクトリー」[9]では、(公財)横浜市国際交流協会の外国につながる若者の交流拠点としての学習支援や母文化継承支援も含めた居場所づくりのためのラウンジの運営、(公財)三重県国際交流財団の初期日本語指導担当の教員向け教材としての先進的な「みえこさんのにほんご」のシリーズ発行、(公財)岐阜県国際交流センターの外国人子ども・保護者向け生活設計支援事業[10]、(公財)愛知県国際交流協会の日本語能力評価方法等のスキルアップ講座の開催、(公財)京都府国際センターのインターネットを使った学習支援といった教育に関連するもの、また母子保健の観点からは、(公財)かながわ国際交流財団の取組みで、妊娠から子育てを支えるガイドブック等の保健担当課や医療機関等の専門家、外国人自助グループ等と連携して作成した事例、また他にも、高校生のキャリア形成や保育士の養成など、地域のニーズを捉え、地域のネットワークを活かした取組みが展開されているのを確認することができます。

　このほか、助成金を交付した事業について他の自治体等でも活用できそうなものをHPで詳しく紹介し、こうした事例を地域で活かすためのスキルアップ研修も開催しています。

　また、協会、自治体などが作成したガイドブックや学習教材など、多文化共生に役立つツール類を「多文化共生ツールライブラリー」で紹介しています。「多文化共生ポータルサイト」では、文部科学省の教材や多言語化された学校の文書等を検索できる「かすたねっと」や、課題抽

出が進んでいる発達障害など子どもの発達に関する国立障害者リハビリテーションセンターの外国人保護者向けパンフレットといった関連サイトなど、すぐに役立つ情報を整理しています。まさに全国規模の中間支援組織として、スケールメリットと地域国際化の専門性を活かした情報とノウハウの共有を行っています。

(4)　NPO・NGO等の効果的な活動につなげるために

　地域差なく取組みを広げていくためには、自治体、協会間だけでなく、様々な分野の支援者同士が情報共有しながら、スキルアップし、ネットワーキングできる場が必要です。先述のクレアでも、NPO等の関係者を含めた「多文化共生の担い手」向けに、研修機会を設け[11]、また、NPO等と自治体、協会の連携を促すための「市民国際プラザ」を運営し、連携事例や団体紹介[12]、また連携のための相談を受け付けています。

　NPO等が効果的・継続的に活動するためには、まずは担い手となる人材、活動資金や活動場所が必要ですが、サービスの担い手となる外国人保護者や子供たちに、いかに団体の存在を知ってもらうか、外国人住民への情報提供は大きな課題です。また、外国人住民が立ち上げた母語教室や教育施設では、行政や国際交流協会につながれないまま、適切な支援を受けられない状況もあります。団体の活動を必要な人に知ってもらい参加・賛同してもらうためにも、協会やクレアのような中間支援組織の役割が一層重要になっています。

　行政や協会は、効果的な支援のために、常にきめ細やかな対応ができる団体、パートナーとなる担い手を探しています。外国ルーツの子育て支援に特化した全国規模の中間支援組織も必要ですが、まずは、地域の実情に応じたきめ細やかな対応のためにも、行政につながりを持っている協会が、教育委員会とパイプを築きながら、NPOやキーパーソン的な外国人住民、支援者と積極的に関わりを持ち、ネットワークを広げ活動を充実させることが重要です。行政は、そうしたネットワークをもつ

協会のような中間支援組織としっかり連携を組むことが大切です。

2 地域差のない取組みに向けて

⑴　先進的な取組みを進める自治体

　日系人を中心とした外国人の生活課題解決に最前線で取り組んできた自治体からなる「外国人集住都市会議」が、入管法改正から10年を経た2001年、第1回首長会議（浜松市）で[13]、まず課題として全国に提起したのは、公立学校の日本語等の指導体制の充実、就学支援の充実といった子どもの教育問題でした。

　集住都市会議では、当時から、外国人住民を「同じ地域で共に生活し、地域社会を支える大きな力」、「多様な文化の共存がもたらす新しい地域文化やまちづくりの重要なパートナー」[14]として、不就学の子供たちが将来、地域社会にもたらす課題に正面から取り組み、外国人学校の支援、就学前の支援、義務教育を超過した年齢の子ども支援を先駆的に進めてきました。

　集住都市以外でも、行政、教育委員会と協会、NPOが組んでの進学ガイダンスや、民間団体や外国人学校等への公募委託によるモデル体制づくりなど[15]、先進的に取り組む自治体もあります。集住・散住問わず、行政が潜在化している課題を表面化させ、必要な対応をしていく姿勢と、支援人材・団体を地道に継続的に育てていく熱意が求められていると言えます。

　自治体としては、限りある財源を投入して、地域住民の理解を得た上で事業を実施することが求められますが、公選である自治体の首長や地方議員が、地域住民に対し、地域経済や社会保障、地域社会全体を支える観点から、そして、当然の教育課題として提言できるか、地域住民はそれに応えられるか、という視点から捉え直すこともできます。地域住民の課題認識の転換、多様性を活かす視点からの社会意識の醸成も重要

なポイントと言えるでしょう。

⑵　ベンチマークとなった2006年の多文化共生推進プラン

　外国人住民施策が全国的な課題となりつつある中、全国の自治体や支援団体の先進的な取組みと、それにより明確になっていた課題から、今後求められる方向性を取りまとめ、地域の実情に応じた施策の拠所となるよう、2006年3月に総務省が策定したのが「地域における多文化共生推進プラン」[16]（以下「プラン」）でした。それまで多くの自治体では、「国際交流」と「国際協力」を柱に「地域の国際化」に取り組んでいましたが[17]、このプランをもとに、「多文化共生」を第3の柱として、各地で指針・計画の策定が進められました。

地域における多文化共生推進プランの概要
①　コミュニケーション支援（情報の多言語化や日本語教育、相談窓口設置等）
②　生活支援（不動産契約やゴミ収集、自治会等の居住にまつわること、教育、労働環境、医療・保健・福祉サービス、災害時の対応等）
③　多文化共生の地域づくり（外国人住民が孤立しないよう、これまでの交流機会をより進めた形での地域社会での意識啓発を行うこと、外国人住民の地域社会への参画を進めて施策にも反映させること）
④　推進体制の整備（部局横断での取組み、都道府県・市町村の役割分担と連携、国際交流協会・NPO等民間との連携等）

　プランでは、推進体制の整備にあたり、地域のニーズに最前線で対応してきた協会やNPO等、民間団体との連携・協働を求めています。
　言葉が通じず、開庁時間が限られている役所に相談に行くより、親身

に相談に応じてくれる日本語教室といった交流拠点が、地域のニーズ把握と課題解決のスタート地点となることが、多文化共生の支援においては多く見られます。こうした民間支援者を行政が支え、連携・協働の輪を広げて、持続可能な活動としていくことが問われています。

●埼玉県指定・認定NPO法人ふじみの国際交流センターによる協働の実践[18]

埼玉県ふじみ野市に拠点を置くNPO法人。1997年から相談窓口を開設し、日本語指導の他、DV被害者支援、外国人の子どもに対する学習指導・進路指導、交流サロン等の事業を展開。行政はもとより、警察、病院、学校等、様々な機関と連携することにより相談対応にとどまらない包括的な支援を実践。1988年から代表の石井氏が地域の外国人住民を対象に公民館で日本語教室を行っていた際に、交流の場や外国人の子どもたちの日本語学習支援の必要性を感じ、地域の人に呼びかけたのが出発点となっている。

2021年4月現在の各自治体でのプラン策定率は、都道府県・指定都市では100％、指定都市を除く市では73％にもなりました。一方、町では30％、村では13％となっており[19]、策定していない理由として、課題対応の必要性や要望がないといった背景もあるものの、担当部署の体制が確保されていない、ノウハウが乏しいといったことが挙げられています[20]。プラン策定後の取組み事例については、多文化共生事例集として総務省のホームページに公開されています[21]。

(3)　共に地域を創る〜新たな多文化共生推進プラン

総務省では、「持続可能な開発目標」（SDGs）の国連総会全会一致採択を受けて世界的に進められている多様性・包摂性ある社会実現の動きや、急速なデジタル化の進展、気象災害の激甚化、感染症対応の必要性

といった様々な社会経済情勢の変化に対応し、2020年9月にプランの改定を行っています。

　2006年の前プラン策定時からこの間、子ども支援に関わるものだけを挙げても、多文化共生を取り巻く環境は大きく変化しています。制度面では、2012年7月に外国人登録制度が廃止され、3か月以上滞在する中長期在留者には在留カードを交付し、外国人住民を住民基本台帳の適用対象に加えたことから、基礎自治体において外国人住民の情報を正確・迅速に把握できるようになり、日本国籍の住民と同じように、外国人住民に行政サービスを提供できる体制が整いました。子育て支援においては、特に、母子保健サービス等における多言語対応や、不就学児童を把握し就学に向け働きかけを行うなど、これまでハードルが高かった施策に、どの自治体においても、アプローチしやすくなったと言えます。また、文部科学省の「虹の架け橋事業」による就学支援、文化庁の「生活者としての外国人」のための日本語教育事業による日本語指導者等の育成、日本語教室への支援を活用した協会やNPO等のきめ細やかな対応により、多くの子どもたちに支援が届けられました。

　国の外国人受入れの方向性としては、2019年4月の入管法改正により「特定技能」資格が創設され、人手不足分野において一定の専門性・技能を有し即戦力となる外国人を受け入れていくとともに、特定技能2号として認められれば、条件をクリアすることで家族滞在も可能となりました。また、2018年12月策定の「外国人材の受入れ・共生のための総合的対応策」では、出入国在留管理と人権施策を担う法務省が省庁間の総合調整機能を持ちながら、「外国人との共生社会の実現に必要な施策をスピード感を持って着実に進める」こととなり、省庁横断で作成している「生活・就労ガイドブック」に代表される情報提供の多言語化や、全国の自治体で一元的相談窓口を拡充させるための関連予算が拡充され、文部科学省・文化庁の日本語教育・外国人児童生徒等への教育の充実についても早急な対応が進められています[22]。

　法整備についても、2019年6月に「日本語教育の推進に関する法律」

が公布・施行され、2020年6月には、その基本的方針がまとめられました。基本理念に、幼児期及び学齢期にある外国人等の家庭における教育等において使用される言語の重要性に配慮が盛り込まれ、母語教育に配慮がされました。また、基本的施策に外国人等である幼児、児童、生徒等に対する日本語及び教科指導等の充実のために、国が、教員及び必要な支援を行う者の配置に係る制度の整備、養成、研修の充実を担い、就学の支援やその他必要な施策を講ずること、保護者の理解と関心を深めるための啓発活動等を行うこと、そして、施策の総合的な策定や財政上の措置等を国の役割分担とし、地方公共団体は地域の実情をふまえた施策を策定・実施することが明記されました。

新たなプランでの拡充ポイント

①　コミュニケーション支援（ICT活用、日本語教育における文化庁による都道府県単位での広域的な支援策である「地域日本語教育の総合的な体制づくり推進事業」の活用等）

②　生活支援（感染症対応等の追加）

③　社会意識の醸成、外国人住民の社会参画支援

④　外国人住民との連携・協働による地域活性化の推進、グローバル化への貢献、留学生の地域における就職支援

　新プランでは、こうした動きをふまえ、①②を拡充し、また、すでに外国ルーツの子どもたちが活躍し、日本社会を担っている現状をふまえ、誰もが活躍できる社会の発展に向け、多文化共生への理解を深める意識醸成が施策を進めていく上で必須であるとし、③を前面に掲げ、④を追加しています。

⑷　新プランに引き継がれ、拡充された子育て支援

　新プランでは、子育て支援策そのものについても拡充され、全体の底

上げとともに、さらにきめ細やかな対応を列記し、一人一人に向き合った対策を求めています。

【子ども・子育て及び福祉サービスの提供における拡充ポイント】
○住民基本台帳を活用した、複数国籍世帯を含めての世帯の把握による
　情報提供
○ICT等を活用した多言語対応によるサービス利用の促進

【教育機会の確保における前プランからの拡充ポイント（→以下が新プランの拡充点）】
①　入学前の準備段階での多言語での学校就学に関する情報提供
→○「学籍簿」の編成（外国人学校等を含めた就学状況の把握）
　○住民基本台帳に基づき情報提供しても回答が得られない世帯への個
　　別対応（公立学校に入学可能であること、就学援助制度等について
　　説明）
　○通学区域内で十分な受入れ体制が整備されていない場合、就学校の
　　変更を認めるなどの柔軟な対応
　○子供の日本語能力が、年齢相当学年で教育を受けるのに適切でない
　　場合、下学年への編入学を認めることの検討
②　入学後、日本語で行われる学習における課程内での加配教員の配
　　置、課外での補習としてボランティア団体と連携した学習支援や母
　　語での学習サポート
→○文部科学省「外国人児童生徒受け入れの手引き」等を参考とした子
　　供の日本語能力に応じた指導
　○学校の管理職や日本語指導担当教員等への外国人児童生徒教育の研
　　修実施
　○学内の「特別の教育課程」による日本語指導・在籍学級における支
　　援、加配教員、日本語指導補助者・母語支援員の派遣等、指導体制
　　の充実

　　○課外での補習について、放課後等や地域での補習の実施、と明記

③　家庭における子どもの学習言語としての日本語が上達するにつれ、日本語の習得が追いつかない親とのコミュニケーションギャップ、保護者と学校間での教育に関する認識の違いについて、専門的介入のできるNPO、企業等、地域見守りの観点から自治会等の地域ぐるみの支援（前プランと同様。→国際交流協会を特記追加）

④　不就学の実態把握（その要因が情報不足からか、家庭環境によるのか、学齢超過で受入れできないものなのか、学習状況によるドロップアウトなのか）とその対応

→○実態把握、支援実施、また体制整備にあたってのNPO等との連携

　　○学習機会を逸している子供については希望により公立の義務教育校等への円滑な編入を措置

　　○日本語能力に応じた日本語学校や日本語教室等へのつなぎ

⑤　義務教育終了後の就職支援と高校・大学進学に向けた進路指導

→○「キャリア教育」として、特に社会での自立に向けた、本人及び保護者に対する早い時期からの進路ガイダンス・進路相談等の実施

　　○公立高等学校入学者選抜における特別定員枠の設定や受検に際しての配慮等の取組み推進

⑥　幼児教育制度の情報提供をすること（前プランと同様）

⑦　外国人学校を各種学校又は準学校法人に認可する基準の緩和（母語習得と母文化保持の観点、帰国を視野にいれての外国人学校への入学選択についても考慮されるべきことから、十分な設備がなく、無認可施設のまま、財政難、人材難に陥ることのないよう検討）

→○審査を行うにあたって、地域の実情に応じた弾力的な取扱いに配慮

⑧　すべての子どもたちに向けた多文化共生の視点に立った国際理解教育

→○多文化共生の観点から、外国人児童生徒を受け入れていない学校も含めすべての児童生徒を対象に、誰もが社会を構成する一員であることを学び、人権尊重の視点に配慮した教育の推進

⑨　→追加　義務教育を修了しないまま学齢を超過している場合の対応

　　○必要な配慮をした上での公立中学校での受入れの検討

　　○夜間中学への入学案内、地域の実情に応じた夜間中学の設置の検討

＊＊＊＊＊＊＊＊＊＊＊＊＊＊＊＊＊＊＊＊＊＊＊＊＊＊＊＊＊＊

3　子ども支援に取り組むにあたって

(1)　シームレスな（継ぎ目のない）支援に向けて

　自治体において、乳幼児から老年期まで、ライフサイクルに応じた支援をつなぐことに着目したプラン[23]が策定されるなど、現在、まさに、子ども支援だけではなく、世代間をつなぐ、ライフステージに応じた継ぎ目のない支援体制が必要とされています。

　縦割り行政による支援の分断は、常に行政組織の課題ですが、母子保健、保育・幼稚園、小中学校進学、高校進学、キャリア支援へのつなぎにおいて、外国人住民の場合は多言語対応、日本語支援、文化的な背景に即した対応、また親を含めた家庭への支援と、部局横断での課題共有が必須です。

　外国人の場合、制度や仕組みがわからず、相談場所すらわからないという、これまでの経験や知識を元にしたストック情報が不足し、また、リアルな情報が近所のつながりから入るといった地域の助けもない状況です。これは誰もが、外国で生活する際に陥る現実です。理想は、役所の担当窓口や学校現場で、外国人だから、という理由で対応が滞ることなく、同国人と同じように、必要な支援をもって対応できるようになることですが、現状、我が国において、その入口へのつなぎにおいて、また、入口に辿りついた後も、制度の狭間をつなぐ支援が必要です。

●多言語対応や制度の壁をつなぐ取組み：子ども支援と教育に関す

る相談に特化した神奈川県「あーすぷらざ」[24]

外国人の保護者だけでなく、学校関係者からも相談を受け、外国人通訳と教育制度に精通したコーディネーターがサポートすることにより、相談ケースのバックグラウンドに配慮した対応を行っている。

相談窓口は、ニーズを把握し、課題を抽出する最前線です。全国の協会の多言語相談窓口は、まさしく、その役割を担っていますが、外国人住民はもとより関係機関への周知や人材含め相談体制の確立が課題です。行政、NPO、教育委員会等が連携し、いかに活用される仕組みに育てていくか、いかに課題に向き合い、寄り添えるかが問われています。

●入口を整え、つなぐ体制を整備した取組み：横浜市教育委員会「日本語支援拠点施設ひまわり」[25]

日本語指導の必要な児童生徒の増加により、年度途中の編入や、受入れ経験のない学校での受入れが必要となり、学校現場では十分に体制を整えることができない状況であったことから、「ひまわり」において保護者も含めた「学校ガイダンス」を行うとともに、4週間の集中的な日本語指導と学校生活を体験できる「プレクラス」を実施。子どもたちは、「所属校」に在籍しながら、「ひまわり」に通級し、在籍校では「国際教室」において初期日本語指導・教科指導を受ける。

子どもと保護者、そして指導者側に寄り添った取組みが、結果として、シームレスな教育環境づくりへとつながっています。

(2)　子どもに寄り添い、未来を見据えた支援に向けて

　「義務教育の段階における普通教育に相当する教育が機会の確保等に関する法律」の基本理念には、「年齢又は国籍その他の置かれている事情にかかわりなく、その能力に応じた教育を受ける機会が確保されるようにする」とあります。義務教育段階においても、またその段階を年齢的に超えていても、寄り添って、一緒に自分の将来に向けて考え、動いてくれる、そういった環境を整えることは、どんな子どもたちにとっても、心地よい居場所となり、将来への選択肢を考えるきっかけとなります。基本理念が、「その教育を通じて、社会において自立的に生きる基礎を培い、豊かな人生を送ることができるよう、その教育水準の維持向上が図られるようにする」と続けるように、教育は、特に、外国ルーツの子どもたちが抱える多様なアイデンティティや関係性をふまえ、「大人になればだれもが下さなければならない新たな決断について、論理的に考える能力を子供が身につける手助けをする」[※]ものでもあるべきでしょう。

[※]『アイデンティティと暴力』（アマルティア・セン著、大門毅　監訳、東郷えりか　訳　2011年7月15日　勁草書房）

●NPO法人可児市国際交流協会（岐阜県）「人生のバトンをつなぐ」
「いつでも誰にでも開かれた」場の実践[26]～
　可児市多文化共生センター（フレビア）の指定管理者。市教育委員会で運営している国際教室と連携、併走する就学・進学支援の取組みとして、就学前の子どもに向けた「ひよこ教室」や集団活動に慣れるための「おひさま教室」、不登校傾向の子どものための「ゆめ教室」、補習のための「きぼう教室」、また、ブラジル学校に通う子どもの日本語指導のための「つばめ教室」といった多様な環境にいる子どもたちそれぞれに応じた教室を運営している。就学年齢を

超えた子どもたちについて、中学卒業程度認定試験の受験が必要な子どものための「かがやき教室」、高校進学に向けた「さつき教室」を設置し、進学、就職へとつなげている。

　経済的理由で学習に専念できず、中学を卒業した後、再度の高校受験を目指す、また、出身国で義務養育を修了してから日本での高校進学を目指すダイレクト受験生など、多様化するニーズに対応し、一人一人の夢に向けた支援を行っている。支援者にとっても生きがいの場として機能している。

　こうした優れた取組みが全国で共有され、取組みに必要な助成制度が整えられ、各地に仕組みとして整備されることが望まれます。

⑶　多様性ある豊かな社会に向けて、多文化共生の裾野を広げる

　子ども支援の先には、キャリア教育、社会への参画があり、社会を支える企業、地域といった生活全般を支える様々なステークホルダーの関わりが、今後さらに重要となってきます。外国ルーツの子どもたちが、自分自身の中にある多様性を強みとして社会参画できるよう、社会全体が、多様性を活かす視点で、創造性あふれる取組みを進めていくことが求められます。

● （公財）浜松国際交流協会（浜松市）「COLORS（Communicate with Others to Learn Other Roots and Stories）」[27] ～
　すでに大学生・社会人となり、社会参加している第2世代の若者たちが、後輩にあたる高校生らに向けての出張座談会や就職応援セミナーを開催。留学生など海外人材に注目していた企業に対して第2世代の持つ可能性を認識させることにつながり、企業側にとってもメリットとなっている。

浜松市は、多様性を好機と捉え、都市の活力や革新、創造、成長の源泉とする都市政策「インターカルチュラル・シティ（Intercultural City）」[28]の会員都市として、外国人市民と地域市民の協働により新たな価値観を創造するまちづくりを進めている。まさに、その主役となるのが外国ルーツの子どもたちと言える。

●認定NPO法人多文化共生センター東京（東京都荒川区）[29]〜企業・団体との協働〜
学習支援・フリースクールを展開。子どもたちへの助成金などの経済的な支援や、遠足や新入社員研修プログラムなどの企画型の協働事業、土曜日の学習支援活動への社員の定期的な参加など、企業・団体との協働について、オンラインも取り入れ、工夫した取組みを継続している。

●（公財）愛知県国際交流協会[30]〜地元経済界と協力した子ども支援〜
愛知県や地元経済界と協力して創設した「日本語学習支援基金」により、学齢期の外国人児童生徒の日本語学習促進のための環境整備事業を2008年から実施し、将来、子どもたちが地域の一員として活躍できるよう、地域ぐるみで応援している。

多様性教育、ダイバーシティ経営というと、難しく捉えがちですが、多様性は外国ルーツの子どもたちだけではなく、誰の中にもあります。それぞれが、多様性を織りなす当事者であることを認識すれば、学校、会社、地域、社会はすでに多様性にあふれていることに気づきます。多様な背景を活力に変えるために、やり直しのききにくい日本社会の風土も変えていかねばなりません。多文化共生を支えるのは、もはや一部のNPOや国際交流協会だけではありません。ライフステージに関わる様々

な人々に関わりの裾野を広げていくことが、多様性ある豊かな社会を共に創っていくことにつながります。

1　多文化共生の推進に関する研究会 報告書（2020年8月多文化共生の推進に関する研究会）

2　2021年3月、出入国在留管理庁等は、妊娠等を理由とする不利益取扱いを禁止した注意喚起を実習実施者及び監理団体宛てにしている。https://www.otit.go.jp/files/user/210216-51.pdf

3　（一財）自治体国際化協会では自治体の国際担当窓口をクレア支部としてHP掲載している。http://www.clair.or.jp/j/clair/sibulist.html　また多文化共生担当課について2019年度時点での調査結果を公開している。http://www.clair.or.jp/tabunka/portal/local-government/index.php

4　http://www.clair.or.jp/tabunka/portal/associations/index.php
　　1789自治体中、多文化共生、国際交流等の活動をしている協会があるとの回答自治体784自治体（クレアポータルサイト「全国の自治体の国際交流協会」2019年度調査）

5　「地方公共団体における国際交流の在り方に関する指針」（昭和62年3月自治省）

6　「地域国際交流推進大綱の策定に関する指針について」（平成元年2月14日自治画第17号　自治大臣官房企画室長）では、地域国際化協会を中核的民間国際交流組織としている。「地域における多文化共生推進プラン」（平成18年3月27日総行国第29号）により地域国際化協会、国際交流協会も多文化共生において中心的な役割を担うとされた。

7　現在、設置されていない1県4政令指定都市（奈良県、新潟市・相模原市・堺市・岡山市）においては、自治体が主体となって取組みを進めており、また国際交流団体が活動している。

8　自治体の国際化の推進を支援すること等を目的とする自治体の共同組織で、全国の都道府県・政令市の国際担当課とクレア支部として連携を持っている。JETプログラム（語学指導等を行う外国青年招致事業）を展開しており、語学指導助手ALTの他、国際交流員CIRを自治体等に派遣し、通訳として学校現場で活躍するなど、教育・多文化共生分野双方で活用が進んでいる。

9　2020年4月1日現在の取組みから抜粋
　　http://www.clair.or.jp/j/multiculture/association/rliea_directory.html

10　クレア機関誌「自治体国際化フォーラム」2019年6月号で紹介している。http://www.clair.or.jp/j/forum/forum/pdf_356/09_tabunkakousei.pdf

11　全国市町村国際文化研修所（JIAM）と共催で多文化共生研修を実施。要件を満たすことで、NPO等の職員も自治体職員等と共に研修に参加できる。

12　市民国際プラザ「支援団体リスト」http://www.plaza-clair.jp/interview/list.html

13　http://www.shujutoshi.jp/siryo/pdf/katsudou2020.pdf

14　20011019hamamatsu.pdf（shujutoshi.jp）（浜松宣言及び提言　2001.10.19）

15　当時の地域の取組みについては「多文化共生の推進に関する研究会報告書」（総務省2006年3月）https://www.soumu.go.jp/main_content/000539195.pdf

16　https://www.soumu.go.jp/kokusai/pdf/sonota_b6.pdf

17　旧自治省通知1987年「地方自治体における国際交流の在り方に関する指針」、1988年「国

際交流のまちづくりのための指針」、1989年「地域国際交流推進大綱の策定に関する指針」
18　総務省「多文化共生事例集」2017年3月　なお、事例集については2021年8月に令和
　　3年度版が作成されており、参照されたい。
19　令和3年4月総務省自治行政局国際室調査（2021年4月1日現在）総務省HPで公開
20　多文化共生の推進に関する研究会報告書参考資料（2020年8月）
21　総務省「多文化共生事例集」2017年3月　2021年8月に令和3年度版を作成。
22　外国人材の受入れ・共生のための「総合的対応策（令和2年度改訂）関連令和3年度
　　当初予算案等について」http://www.moj.go.jp/isa/policies/coexistence/04_00019.html
23　例えば、「あいち多文化共生推進プラン2022」を参照。
　　https://www.pref.aichi.jp/soshiki/tabunka/plan2022.html
24　https://www.earthplaza.jp/forum/education/
25　「自治体国際化フォーラム」（自治体国際化協会2019年5月号）　総務省「多文化共生事
　　例集」（2021年8月）も参照されたい。
26　「学齢を超過した外国人青少年とその支援者の姿」（NPO法人可児市国際交流協会
　　2020年2月29日発行）　総務省「多文化共生事例集」（2021年8月）も参照されたい
27　総務省「多文化共生事例集」2017年3月　なお2021年8月作成の令和3年度版も参照
　　されたい。
28　欧州評議会の都市政策で欧州を中心に約140都市が「インターカルチュラル・シティ」とし
　　て認定されている。『自治体職員のためのインターカルチュラル・シティ入門』（山脇啓造・上
　　野貴彦著　2021年3月1日）https://rm.coe.int/introduction-to-intercultural-cities-japan-
　　jpn/1680a1a65a
29　https://tabunka.or.jp/support/csr/
30　http://www2.aia.pref.aichi.jp/kyosei/j/kikin/index.html

4　文科省の外国人の子どもの教育にかかわる施策について

(1)　1990年代前後から2000年代の動き

　他の章でも触れられていますが、日本に住む外国人の傾向が大きく変わり始めたのは1980年代半ばから、とされています。この頃起きていたブラジル国内の経済危機の影響で、日系人労働者が増加していました。1989年の入管法改正（1990年6月施行）により、1）外国人研修生、技能実習制度が導入され拡大し、2）日系外国人の入国と就労条件が緩和されたことで、1990年代にニューカマーと呼ばれる日系人労働者の入国が増加しました。この時の政治施策では、ニューカマーは一時的な労働力として見られており、長期にわたって家族滞在をする「移民」として

捉えられてきませんでした。

　しかし実際には長期の家族滞在が進み、教育現場では、学齢期の子どもたちが地域の公立学校に入学し、日本の学校教育は新しい課題に直面することになりました。文部省は1991年から「日本語指導が必要な児童生徒の受入れ状況に関する調査」を始めています。1993年の『わが国の文教施策』（平成5年度版）で、初めて「外国人児童生徒に対する日本語教育等」について言及があり、1994年から「外国人子女等指導協力者派遣事業」が実施され、母語での支援ができる人材の採用・派遣が外国人集住地域を中心に始まりました。この前後に『にほんごをまなぼう』（文部省　1993）や、資料『ようこそ日本の学校へ――日本語指導が必要な外国人児童生徒の指導資料』（文部省　1995）が作成・配布されています。

　こうした対策が不十分であるとして、総務省行政評価局は、「外国人及び帰国子女の教育に関する行政監査」の結果に基づき、1996年12月に文部省に対して、児童生徒教育の促進と充実が必要である、との勧告を行いました。さらに2001年12月〜2003年8月にかけて「外国人児童生徒等の教育に関する行政評価・監視」を行い、その結果を2003（平成15）年8月に文部科学省に通知しています。

　この評価・監視は、比較的外国人登録者数が多かった12都道府県43市町村の教育委員会を対象に実情を調査したものです。主な通知事項は、外国人子女について日本の義務教育への就学義務は課せられていないが、「経済的、社会的及び文化的権利に関する国際規約」（昭和54年条約第6号）に基づき入学を希望する場合には公立の義務教育諸学校への受入れを保障するものとし、1）就学案内等の徹底、2）就学援助制度の周知の的確化、3）日本語指導体制が整備された学校への受け入れ促進、の3つを指摘しました。文科省は、通知への回答やその後の改善措置状況を報告し、その後の施策につながります（総務省　2006）。

　2005年から、文科省と総務省により、『不就学外国人児童生徒支援事業』『外国人児童生徒教育支援体制モデル事業』が実施されるようにな

りました。2006年に文科省から報告された『外国人の子どもの不就学実態調査』では、1.1％が不就学の状況にあると報告され、少しずつ実態把握に向けた努力が進みました。2008年のその後の改善措置の追加の回答によれば、更新された『就学ガイドブック』では外国人登録の多い言語（ポルトガル語、中国語、スペイン語、フィリピノ語、韓国・朝鮮語、ベトナム語、及び英語）による就学案内の例文が文部科学省ホームページに掲載され、県教委、市教委に対して周知を図りました。

　一方で、その後も、外国人児童生徒教育や日本語指導についての理解が全国に広まっているとはいえない状況が続いてきました。第1に、外国人の子どもの就学についての理解がされず、就学に消極的な家庭に就学を促進する働きかけをしていない地域・自治体もありました。第2に、子どもの日本語教育を担う人材や、母語対応できる人材が不足しており、またその方法論も十分に広まっていなかったのです。日本語教師の資格を持つ人であっても、その養成課程では成人期の日本語教育を中心にされてきたことから、小中学校や幼児の日本語指導についての研究や実践の積み重ねが少なかったのです。

⑵　社会で共有する課題としての「外国人児童生徒の教育」へ

　2009 〜 2014年には2008年のリーマンショック後の景気後退を受けて失職する外国人が増えました。筆者の地元地域では、ブラジル人家庭が経済的に不安定になり、ブラジル人学校の学費や学校の経費が払えなくなりました。そして子どもたちは、自宅待機になったり働きに出たりしました。そうした不就学・自宅待機となっている子どもを対象に日本語指導等を行い、公立の学校に行ったり、学習に意欲を持てたりするようにと、定住外国人の子供の就学支援事業（虹の架け橋教室）が、外国人集住都市等で実施されました。8,751人が教室に通い、4,333名が公立学校や外国人学校へ就学することができたそうです。

　2010年代になり、さらに外国人児童生徒や日本国籍の日本語指導が必要な児童の言語やルーツとなる国が多様化しています。また第二・第三

世代の増加、国際結婚家庭も増加しています。さらに日本語指導が必要な児童生徒は集住化するとともに全国どこにでも見られる課題として考えるべきだとされるようになりました。この10年間で急速に法整備や制度の改善が進められています（表3.1）。

　2014年には、「特別の教育課程」を実施することが学校教育法施行規則の一部を改正する省令によって定められました。該当する児童生徒が日本語で学校生活や学習に取り組めるようになるための指導を計画し授業時間として組み込んで実施できるようになりました。

　この直後の2015年〜2016年と、日本語教育の推進に関する法律（図3.1）が制定された2019年〜2020年に２回にわたって、有識者会議が持たれ、制度改革の方向性が検討されています。１回目の「学校における外国人児童生徒等に対する教育支援に関する有識者会議」は、義務教育年齢中心に学校に関する施策提案が行われました。就学前については就学ガイダンスや日本語初期指導（プレスクール）等の取組み推進は提言されましたが、就学前教育そのものに関する充実方策には触れられませんでした。さらに、乳幼児健診の機会を通して保護者に初期日本語指導について伝える方策が提案されていますが、この時期に必要な全人的な発達支援について、十分に踏み込まれていませんでした。

　日本語を習得するまでの母語の発達が、この時期の言葉全体の発達を支えることになり、結果的に乳幼児期の言葉の発達そのものを支えます。同じ報告書で紹介している、就学前のプレスクール事業で参考にされている「愛知県プレスクール実施マニュアル」（愛知県　2009）では、母語支援を明記しています。

　2011年に作成された「外国人児童生徒受入れの手引き」では、子どもたちの就学機会を確保する施策を打ち出すとともに、実際に受け入れる学校での留意点について説明していましたが、2019年に改訂され、最新の統計データへの修正、「特別の教育課程の編成・実施（平成26年）」「義務標準法の改正による教員定数の基礎定数化（平成29年）」等、教育行政の制度改正内容等を反映しています。さらに、新たに開発された研

表3.1　近年の外国人児童生徒教育に関する施策・実践資料（一部）

2009（H21）〜 2014（H26）年	定住外国人の子供の就学支援事業（「虹の架け橋教室」）（日本語等の指導教室事業）
2009（H21）年	愛知県「プレスクール事業」実施マニュアル　公表
2011（H23）年	外国人児童生徒の受入れの手引き　作成
2011（H23）年	情報検索サイト「かすたねっと」開設（教育委員会等作成の多言語文書や教材の検索サイト）
2012（H24）年7月	外国人の子どもの就学機会確保にあたっての留意点について
2014（H26）年1月公布、4月1日施行	学校教育法施行規則の一部を改正する省令（平成26年文部科学省令第2号）「特別の教育課程の編成・実施」
2014（H26）年	「特別の教育課程」の編成・実施
2014（H26）年3月	外国人児童生徒のためのJSL対話型アセスメント〜DLA〜
2014（H26）年3月	外国人児童生徒教育研修マニュアル（教育委員会の研修計画の参考資料）
2015（H27）年11月〜 2016（H28）年5月	学校における外国人児童生徒等に対する教育支援に関する有識者会議
2017（H29）年	義務標準法の改正による教員定数の基礎定数化
2018（H30）年5月	愛知県「多文化子育てサークル」マニュアル　公表
2019（H31）年3月	「外国人児童生徒受入れの手引き」改訂
2019（H31/R1）年度	日本語教育学会　外国人児童生徒教育を担う教員の養成・研修のための「モデルプログラム」ガイドブック（Knit Knot Net　https://mo-mo-pro.com/）
2019（R1）年6月	日本語教育の推進に関する法律
2019（R1）年6月〜 2020（R2）年3月	外国人児童生徒等の教育の充実に関する有識者会議
2020（R2）年〜	「モデルプログラム」普及事業（全国への講師派遣、研修実施）
2020（R2）年3月	文科省「外国人幼児等の受入れにおける配慮について」作成
2020（R2）年3月	文科省「幼稚園の就園ガイド　多言語版」作成

修プログラムや指導・支援ツールの内容が盛り込まれました（「外国人児童生徒等教育を担う教員の養成・研修モデルプログラム」「外国人児童生徒のためのJSL対話型アセスメントDLA」「情報検索ネット『かすたねっと』（リニューアル版）」等）。

　この手引きの中では、地域での連携体制の構築や、市町村・都道府県教育委員会における推進体制等に関する記述が充実し、取り組みを強化しようと意図されています。中には、先進的な自治体の取組み事例、例えば「拠点校等の設置」「日本語指導が必要な中学生のための初期支援校」「連絡協議会の取組」等が具体的に示されています。

図3.1　日本語教育の推進に関する法律　抜粋

2019年6月　日本語教育の推進に関する法律
第10条　政府は、日本語教育の推進に関する施策を総合的かつ効
　　果的に推進するための基本的な方針（以下「基本方針」という。）
　　を定めなければならない。
2　基本方針においては、次に掲げる事項を定めるものとする。
　一　日本語教育の推進の基本的な方向に関する事項
　二　日本語教育の推進の内容に関する事項
　三　その他日本語教育の推進に関する重要事項

第12条　国は、外国人等である幼児、児童、生徒等に対する生活
　　に必要な日本語及び教科の指導等の充実その他の日本語教育の
　　充実を図るため、これらの指導等の充実を可能とする教員等（教
　　員及び学校において必要な支援を行う者をいう。以下この項に
　　おいて同じ。）の配置に係る制度の整備、教員等の養成及び研修
　　の充実、就学の支援その他の必要な施策を講ずるものとする。
2　国は、外国人等である幼児、児童、生徒等が生活に必要な日
　　本語を習得することの重要性についてのその保護者の理解と関
　　心を深めるため、必要な啓発活動を行うよう努めるものとする。

　上記の日本語教育の推進に関する法律が施行された頃（2019年）に外国人の子どものうち不就学または就学状況が確認できない子どもが19471人と推定され、対策が必要でした。2回目の有識者会議、「外国人児童生徒等の教育の充実に関する有識者会議」が開かれ、「外国人の子供たちが将来にわたって我が国に居住し、共生社会の一員として今後の日本を形成する存在であることを前提に制度設計を行うこと」が必要であるとし、すべての外国人の子どもが就学することを目標に方策が検討されました。さらにこの会議では、キャリア発達を見通した高校での日本語指導や、就学前の言葉の指導の在り方について議論され、日本語教育に止まらずキャリア教育、相談支援、包括的な発達支援の提供という視点で議論されました。

　就学前の子どもの教育・保育での支援については、なかなか進んでいません。「外国人児童生徒受入れの手引き」（2011年、2019年改訂）は幼児を前提としておらず、ようやく2020年に文科省で、資料「外国人幼児等の受入れにおける配慮について」が作成されました。文科省のホームページから「幼稚園の就園ガイド　多言語版」と共にダウンロードできます。

⑶　保育所・幼稚園・こども園等での支援

①保育者・保護者を支える行政や地域の仕組み

　上記のように少しずつ制度が整えられ、各地での取り組みが共有されるようになってきました。就学前教育・保育に関しては、義務教育以上と異なり所管省庁が分かれているためその全体像をつかむことは難しい状況にありますが、厚労省と文科省それぞれ委託研究を通して実態調査が進んできました。

　「厚労省令和2年度子ども・子育て支援推進調査研究　外国籍等の子どもへの保育に関する調査研究報告書」（MUFJリサーチ＆コンサルティング　2020）は、市区町村保育主管課（1741団体）に対し、2019年11月～12月にかけてアンケート調査を実施しています。1047団体（60.1％）

図３．２　外国人幼児等の受入れにおける配慮について（文科省 2020）の目次構成

【本資料の作成に当たって】……1
1．外国人幼児等の受入れにおける基本的な考え方……3
2．外国人幼児等の受入れにおける配慮に関するQ&A
（1）受入れにおける配慮
Q1　入園相談で大切なことはありますか。……5
Q2　外国人幼児等の状況を知るために保護者に確認した方がよいことはありますか。……7
Q3　幼稚園生活について伝えるときに留意することはありますか。……9

（2）指導における配慮
Q4　外国人幼児等の指導ではどのような配慮が必要ですか。……11
Q5　幼稚園での生活に戸惑いを感じている外国人幼児等に対して、どのような配慮が必要ですか。……2
Q6　なかなか日本語になじめない場合、どのような配慮が必要ですか。……13
Q7　外国人幼児等の母文化等について、教師はどのような姿勢で臨む必要がありますか。……15
Q8　外国人幼児等の健康管理ではどのような配慮が必要ですか。……16
Q9　日本人幼児と外国人幼児等との関わりでは、どのような配慮が必要ですか。……17
Q10　園内体制で留意することはありますか。……18

（3）家庭との連携における配慮
Q11　保護者への対応で留意することはありますか。……19
Q12　保護者への連絡ではどのような配慮が必要ですか。……21

（4）関係機関との連携における配慮
Q13　小学校以降の生活や学習との円滑な接続を踏まえ、幼稚園で配慮することはありますか。……23
Q14　入学に当たって、小学校とはどのような情報共有が必要ですか。……25
Q15　外部の関係機関等との連携で留意することはありますか。……26

からの回答のうち、外国にルーツを持つ子どもが入園している保育所等があると答えた自治体744団体（71.1％）の回答が分析され報告されています。

この中で、入園前後の手続きや子どもの援助、保護者への支援のために、言語面での支援として通訳や翻訳サービス、母語相談支援員の派遣が必要であるが不十分であると回答した自治体が多かったそうです。集住地域では、園に母語相談支援員が常駐する例もありましたが、人数が少ない場合、必要な言語が多様な場合も少なくありません。ICTによる翻訳を活用しながら、他部局と協力していくこと、また国際交流協会や

外国人コミュニティなどの地域の協力を仰ぎ、園の中で課題を抱え込まないようにしていくべきでしょう。そのためにも、行政の支援が欠かせません。

　幼稚園・こども園への調査の結果からも、保育者は、保護者支援について子どもの支援以上に課題を感じることが多いそうです（全国幼児教育研究協会　2017）。一つには、保護者の変化は早急に起こるものではないこと、二つには、子どもの支援をする上で、保護者に園の保育の意図や状況を理解してもらうこと、文化的違いを説明していくには時間がかかることなどが理由として考えられます。

　上記2つの調査では、モデルとなる保育事例、地域での取組み事例も報告されています。外国人幼児がいることで、他の子どもたちも文化の違いに興味を持ちお互いを大切にする肯定的な状況とも考えられます。また事例には、新しい文化との出会いを、これまでの保育を見直す機会にして、すべての子どもにとって過ごしやすい環境づくりへとつなげる実践が紹介されています。

②多文化共生保育、インクルーシブ保育を実現するために
　日本の保育者は、多様性に対する配慮等に関する研修を受けている割合が低いこと、さらに管理職を含めて文化的多様性への意識や優先度が、他国より低いことが、OECDの国際比較調査からわかっています（国立教育政策研究所 2020）。さらに、国内では、就学前施設の職員のための現職研修の充実そのものも課題になっています。保育者が、二つ以上の言語文化背景を持つ子どもに関する基本的な知識を持っていないために、「乳幼児期の子どもたちはその言語環境になじんで生活ができるようになれば、後は自然に過ごしていればよい」といった誤解が生じがちです。

　乳幼児期の保育の目標は、生涯発達の基礎を培うことです。すなわち、子どもとして様々な経験や遊びの中で今を充実して生きることにより、その後の人生を幸せに生きるための基盤をつくっていくことです。

園に適応することではありません。
ありのままの自分を認められる安心
できる場所だからこそ、新しいこと
に興味を持ち挑戦することができま
す（図3.3）。失敗したり成功した
りする中で考えたり工夫したりする
力を育んでいきます。その中でおき
る言葉のやりとりを重ねながら、日
本語も身につけていくのが乳幼児期
の特徴です。その際、家庭内の安定
した関係と家庭内の言語による豊か
な関わりが背景にあることがその子

**図3.3　心理的安心・安定と学ぶ
意欲のかかわり**

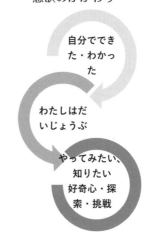

どもの言語認知発達のためにも、社会情動的な発達のためにも大切だと
いうことを、園と家庭で共有していかなければなりません。

　（図3.4）のように、出会いの時期に、その子の家庭の背景を含めて
包括的にその子どもを理解し、家庭と丁寧な関係づくりをしていくこと、
そして、生活に慣れてきたら、その子どもの興味関心を広げ、主体的に
周囲と関わる体験を支えていきたいものです。「外国人幼児等の受入れに

図3.4　園生活を通してどの時期でも必要な配慮と支援

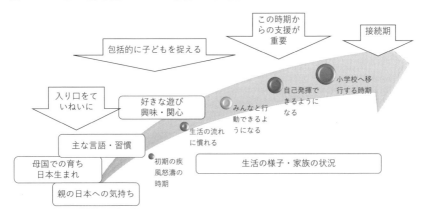

おける配慮について」にも、園生活全体にわたっての配慮のポイントが示されています。小学校への接続期には、地域でプレスクール事業（「愛知県プレスクール実施マニュアル」2009）を実施することも考えられます（内田 2021）。

　長い目で見れば、家庭の言葉や文化を大切にすることがその後の親子関係や当該児童のアイデンティティ形成に大きな意味を持ちます。すべての子どもの文化・言語背景の尊重が感じられる保育者のかかわり・保育環境づくりも重要なポイントになるでしょう。この考え方は、文部科学省等の国の施策に取り入れられてきてはいますが、全体の動向としては、どうしても学校への適応や日本語学習に目が向きがちです。だから、地域全体で家庭の言葉や文化を大切にする取り組みも必要です。学校や園が地域支援者と協働できるよう、各自治体での有機的なネットワークの形成について、この後の各章の事例を参考にしてください。

引用・参考文献

愛知県（2018）「多文化子育てサークル」実施マニュアル
　https://www.pref.aichi.jp/soshiki/tabunka/tabucircle-manual.html
　（2021年9月30日参照）

愛知県（2009）愛知県プレスクール実施マニュアル
　https://www.pref.aichi.jp/soshiki/tabunka/0000028953.html（2021年
　3月29日参照）

総務省（2006）外国人児童生徒等の教育に関する行政評価・監視結果に
　基づく局長通知に伴う改善措置状況（その後）の概要
　https://www.soumu.go.jp/main_sosiki/hyouka/060803_1.html（2021
　年9月30日参照）

公益社団法人母子保健推進会議（2020）令和元年度子ども・子育て支援
　推進調査研究事業　母子健康手帳の多言語化及び効果的な支援方法に
　関する調査研究報告書
　https://www.mhlw.go.jp/content/11900000/000763370.pdf

国立教育政策研究所（2020）　幼児教育・保育の国際比較：OECD国際幼児教育・保育従事者調査2018報告書——質の高い幼児教育・保育に向けて　明石書店

国立教育政策研究所（2015）　外国人児童生徒の教育等に関する国際比較研究（平成25〜26年度）報告書
https://www.nier.go.jp/05_kenkyu_seika/seika_digest_h26.html

MUFJリサーチ＆コンサルティング（2020）　厚労省令和２年度子ども・子育て支援推進調査研究　外国籍等の子どもへの保育に関する調査研究報告書
https://www.mhlw.go.jp/stf/seisakunitsuite/bunya/0000135739_00006.html

内田千春（2021）　就学前教育・保育の視点から教育格差を考える―言語文化的に多様な子どもたちと接続期の支援―　異文化間教育 54, 19－38

全国幼児教育研究協会（2017）　幼児期における国際理解の基盤を培う教育の在り方に関する調査研究―外国籍等の幼児が在園する幼稚園の教育上の課題と成果から―　平成28年度文科省委託研究報告書

第4章
外国人子育て家庭が直面する問題

　筆者は、20歳の頃に米国に数年間住んでいました。その時に実感したのは、自分の国で同じことをしようとしたときに、日本の時よりも数倍の時間とエネルギーを使い、それでも同じようにはできない、という事です。ケチャップを買おうとして売り場をぐるぐる回り、サルサソースのコーナーをうろうろしていました。日本とは違う計量や服のサイズ表記のため、単位を頭の中で計算し直しながら選ばなくてはなりませんでした。高熱が出たときには、ドラッグストアで解熱剤のボトルが並ぶ棚にいき、いくつかを手に取り、ボトルの裏に記載されている成分表を読むけれど、どれが一番良いのかわかりません。店員さんにうまく質問できる自信もないため、「こんなに長くウロウロして不審に思われていないだろうか」と焦りながら、とりあえず、「きっとこれだろう」というのを買います。自国であれば30分で済む買い物が倍以上の時間とエネルギーを使ってしまったりします。そして、結局自分が欲しかったものとは違うものを買っていたりして、情けなくなり、落ち込む、といったことがありました。歯科や美容院などは細かいニュアンスを伝えることができないので「うまく伝わるかな、終わったときにちゃんとなっているかな」という不安と恐怖心で、意を決して行く場所でした。

　こうしたことは、異国で生活すれば、子育てをしていなくとも日常茶飯事に違いありません。また、初めて子育てをする人も、子どもに関する商品を買う際には似たような経験をしているのかもしれません。以前、ある日本人の保護者が「子どもの日焼け止めを買いに行ったが、色々な種類があってどれが良いのかすごく迷ってしまった。なので、保育所で使っているものを教えてもらって、それを使っている」と話していました。そう考えると、子育てをすることは、日々「自分が選びと

る」苦労の連続なのでしょう。

　子育ては、子どもの年齢の変化と発達段階、そして福祉、教育、などの領域で起きる課題に整理することができます。それぞれの年齢の段階で保護者には悩みが出てくるし、それに応じた支援も必要になってきます。また、悩みや困難の内容は、領域ごとに特徴があります。ここではまず、発達段階の移行にそって起きる課題、そして、第2章でもふれた、児童虐待や障がいなど、専門職や多職種とのかかわりが必要となるような子育て問題を整理していきます。また、最近の自治体調査からも、子育て問題に関する実情を把握しておきます。

1　子どもの成長に伴う子育ての悩み

　子どもの発達段階と関連する悩みや課題については、図のような状況が、相談や悩みとしてよく挙げられるものです（図4.1）。

(1)　妊娠から新生児期

　妊娠から新生児期では、国籍がどこであるかに関わらず、出産への不安と、異国で言葉が十分に伝わらない、病院などの説明もわからないなかで出産の準備をするのは不安が強くなる時期になります。

　また、初めて日本の産婦人科や健康診査を利用する保護者も多く、自国にはなかったシステムの中で出産準備をしていくことになります。ここで理解しておきたいのは、母国にない支援制度は「必要だ」「利用したい」という発想をもちにくい、ということです。例えば、母子健康手帳は、今や日本発祥の優れた母子保健での支援ツールとして世界に紹介されていますが、こうした仕組み自体知らない人もいます。母子健康手帳制度がない国の出身者は、妊娠しても「母子健康手帳が欲しい」とは思いません。そのほかにも、入院の手続きや医師との会話、育児休業給付金（いわゆる育休の期間には67％の給与、ただし6か月後は50％の給与が支払われます）、出産育児一時金（健康保険や国民健康保険などの

61

図4.1　各年齢段階での外国人保護者の子育て課題

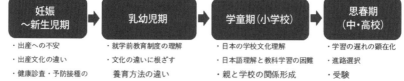

妊娠 〜新生児期	乳幼児期	学童期（小学校）	思春期 （中・高校）
・出産への不安 ・出産文化の違い ・健康診査・予防接種の 　理解 ・育児知識 ・地域の支援情報理解	・就学前教育制度の理解 ・文化の違いに根ざす 　養育方法の違い ・母国文化での子育ての希望 ・母国語と日本語のバランス ・他の親とのつながり ・発達・障害の理解や認識	・日本の学校文化理解 ・日本語理解と教科学習の困難 ・親と学校の関係形成 ・放課後の生活に関する課題 ・子ども同士の人間関係	・学習の遅れの顕在化 ・進路選択 ・受験 ・アイデンティティの葛藤

筆者作成

被保険者またはその被扶養者が出産したとき、出産に要する経済的負担を軽減するため、一定の金額が支給される制度。2021年時点で42万円）などの手続きにも困難を感じるほか、健康診査の利用の仕方なども書類の理解が必要になります。そして、妊娠中の健康管理や分娩の文化的な違い、男性医師による診察や分娩は宗教上難しい、などにもストレスを感じるケースがあります。国によっては、病院での分娩が主流ではなく家庭で助産師や家族とともに出産する、というところもあるなど、日本とは異なるやり方や文化の間に立たされることも少なくありません。

(2)　乳幼児期

　乳幼児期は、保育所や幼稚園の利用の仕方を知り、それらに対応したり、子育て、障がいに関する悩みなどを経験し始めたりする時期となります。そして、日本社会のシステムと様々な接点をもつ場が増え、戸惑うような場面にも出くわすことにもなります。まず、保育所、こども園、幼稚園の違いはなかなかわかりにくく、説明会に他の日本人保護者と一緒に参加しても、説明は全く理解できないことは少なくありません。そもそも、働いている保護者のところに保育所に関する情報が届かないこともあります。多種多様な制度の理解は、外国人保護者にとっては苦労の種となります。入園の申し込みは、保育所や幼稚園ではそれぞ

図4.2　米国の幼稚園で用意するもののリスト例

```
〔Three  &  Four-Year-Old  Preschool  Supply
list〕
  ➢  Backpack/School Bag (no wheels,
      regular size)
  ➢  Plastic Folder
  ➢  2 Elmer's Glue Sticks
  ➢  1 pkg of Wide Tip Markers
  ✧   Optional Items:
  ➢  Paper Towels
  ➢  Paper Plates
  ➢  1 pkg of 24 Crayons
  ➢  Watercolor Paints
  ➢  Clorox Wipes
  ➢  Hand Sanitizer
  ➢  White Elmer's Glue (bottle)
  ➢  Scotch Tape
  ➢  Masking Tape
```

筆者作成

れ違いますから、必要な書類をそろえ、申し込むだけでも一苦労です。

　入園に向けた具体的な準備も一仕事です。図4.2は、米国で、幼稚園に通園する際に保護者が揃える必要のあるリスト（School supply listsといます）の一例です。これをみて正確な物を思い浮かべることができるでしょうか。そして、スーパーなどに行ったら間違いなく買い物ができるでしょうか。おそらく、とても難しいでしょう。「バックパックのレギュラーサイズってどんな大きさ？」「Paper Towelsはペーパータオルだけど、台所で使うような大きいロール？」など、悩んでしまうに違いありません。

　両親のうち、一方は比較的日本語がわかる親であることもあります。しかし、その人が毎回子どものお迎えに来るとは限らず、送迎は外国人の祖父母、ということもあります。連絡ノートやお便りでの伝達や報告も言葉の点で難しいでしょう。こうしたことが、保護者の小さな挫折感を蓄積させてしまいます。保育者も、気にかけつつも、「改まって話す場を設けたら良いのか」「そうじゃないよ、という事をどう伝えたらよいか」などを決めあぐねたまま時間が過ぎてしまう事も少なくありませ

ん。また、時には日本人の保護者と外国人の保護者との間に微妙な距離感がある、ということが起きることもあります。

(3)　学齢期

　小学校入学後は、日本語を十分に理解できないことによる、学習の困難が表面化します。例えば、小学校4年程度の算数の問題をみると、「子どもが○人います。同じ人数ずつ6つのチームに分けると、1チームは何人になりますか」「小麦粉が87.3kgあります。13.5kg使うと、残りは何kgですか」など、計算能力があっても、日本語を理解できないと正解を導くことができないことがわかります。こうした形で、すべての科目の理解や成績に影響が及びます。ひらがな、カタカナ、漢字がどんどん増えていく中で、全体の進行についていくことができなくなっていくのです。

　言葉の習得状況は、保護者の国籍や仕事の状況、日本での滞在年数などによっても大きく変わります。また、英語や漢字を使用する国の出身である場合と、そうではない国の出身である場合でも変わってきます。授業以外にも、給食や掃除、その他の年間行事等も様々あり、それぞれで使われる表現もとても理解しづらいものです。

　こうした子どもの学びでの困難は、保護者にとっても同じように大きな壁となります。多くのプリントの理解、子どもの宿題へのサポートなどは、最近はふり仮名や英語併記、等を行うケースも増えつつありますが、それでも全てにおいてそうなっているわけではありません。また、先に父親が日本にいて、あとから母親と子どもが来日することもあります。そうした場合、急に日本の教育システムにさらされるのは保護者も同様です。子どもが困っていて、大人が全然困っていない、ということはありません。支援が必要な子どもに出会ったら、必ず保護者の支援も必要だと考えて間違いはないでしょう。

　第2章でも触れたように、外国人不就学児童の問題も徐々に明らかになってきました。背景にある要因は、経済的な事情かもしれないし、子

どもが学校でなじめず、教室にいても楽しくない、ということかもしれません。不就学をめぐる外国人保護者の本音に関する情報はまだ少ないですが、今後情報を収集する必要はあるでしょう。

(4)　思春期

　中学、高校になると、進路や受験、そして将来つきたい職業について考えるようになります。そして、自分の長所、短所等も考えながら家族で相談しつつ、進路を決定し、受験への準備をしていくことになります。この年代になると、子どもは自分が日本語をうまく理解できない事を恥ずかしく思い、「わからない」と言わなかったり、自分から相談しなかったりすることもあります。また、日本で小学生時代を過ごしてきた子どもの場合、多くは保護者よりも日本語が上達し、社会に適応しています。そうなると、いつの間にか子どもが通訳したり、アルバイトを頑張って家計を支えたりするなど、子どもが保護者役を担うようになっていくことがあります。親がつい、子どもに頼り、子どももそれに対応していくことでそういう関係が固定していく一方、子どもは「親は日本語をうまくなるための努力をもっとすべきだ」「受験の事をあまり理解していないのに相談しても無駄だ」など、親への肯定的な気持ちが冷めたものとなり、親子関係に隙間風が吹くこともあります。こうした状況に対し、保護者も悩みつつ、なかなか周囲には相談できない、という状況も起きています。

　受験や進路決定では、子どもの学力、言語面の配慮を行っている自治体や学校の情報、そして家庭の経済状況などもふまえながら選択をしていければよいのですが、実際にはここでも情報を咀嚼し、選択することは、子ども、保護者それぞれにとても難しいことです。ここでも、日本の受験のしくみ、願書の提出の仕方など、制度の壁が出てきます。子どもの意思を尊重しつつ、「選択肢はこういうものがある、そのためにはこういう手続きが必要だ」という作業を個別に時間をかけてできることが望まれます。

2 福祉的な支援を必要とする子育て家庭

外国にルーツをもつ子ども家庭が抱える福祉問題については、徐々に統計でも扱われ、明らかになってきています。ここでは、貧困に関連するデータ、児童虐待、社会的養護、そして障がいに関するデータを紹介します。

(1) 貧困

外国人の子育て家庭の貧困問題は、支援に携わっている人々の間では深刻な課題として認識されていますが、その全体像を十分に表すデータも十分にはありません。一つの指標になるのは、生活保護受給者世帯数となります。

2019年度被保護者調査（月次調査）によれば、生活保護の受給世帯の総数：1,615,083世帯、受給者数は2,073,117人で、外国人は受給世帯数が44,852世帯、人員数が67,143人でした。在留外国人の人口から計算すると、外国人は2.31%の受給率（100人に対する受給者数割合）となります。

世帯ごとにみると、日本人のみでは母子世帯は5％なのに対し、外国人世帯を見ると、12%となっています。母子世帯の貧困率の高さは子どもの貧困にも直結しますが、その点をふまえると、外国人の母子世帯の貧困は深刻であることも窺えます。そして、生活保護を受給している母子世帯を国籍ごとにみると、フィリピン国籍が半数を占め、特定の国籍

表4.1　日本の国籍を有しない被保護実世帯数及び被保護実人員、1か月
　　　平均別（2019年度）

被保護実人員数（総数、1か月平均）	日本人	外国人
2,073,117	2,005,974	67,143
人口比	1.64%	2.31%

＊在留外国人数（2019）2,933,137人で算出

厚生労働省（2021）より筆者作成

図4.3　生活保護受給世帯割合
（日本人）（2019年度）

図4.4　生活保護受給世帯割合
（外国人）（2019年度）

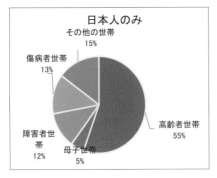

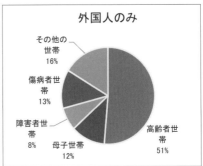

厚生労働省（2021）より筆者作成

図4.5　生活保護受給世帯における母子世帯の国籍別割合（2019年度）

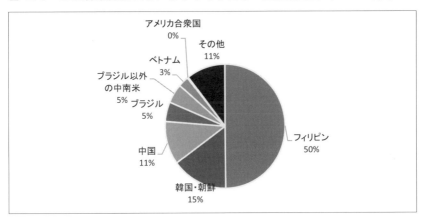

厚生労働省（2021）より筆者作成

に偏りがあることもわかります。

(2)　養育問題

　養育問題の状況を把握する際に参考にできる資料のひとつは、児童相談所における相談件数とその内容です。外国人世帯については、児童相談所の全国的な統計はありませんが、東京都では外国人家庭について資

料を作成しています。

　東京都の資料をみると、外国人（児童又は親の少なくとも1人が外国人である相談）の相談件数は、養護相談が79％を占めており、全国での養護相談の割合（49％）、そして東京都の日本人における養護相談の割合（64％）よりもはるかに高くなっています。近年、養護相談の多くは児童虐待の相談件数となっていますが、一方で大事なことは、外国人の家庭で児童虐待や養育問題が多発する、ということを意味しているわけではない、ということです。児童相談所の相談件数は、周囲が認識し、支援の必要性を認識するか、ということも影響を与えます。また、のちに触れますが、他の相談、例えば障がい相談件数などは、障がいに対する否定的な文化などの影響もうけ、養育相談以外の相談に十分に対応できていない、ということも考えられるのです。

　社会的養護、つまり何らかの事情で保護者と共に暮らすことが困難な状況にあり、児童養護施設などの社会的養護関連の施設で生活する子ども、そして里親に委託されている子どものうち、外国にルーツをもつ子どもの状況に関する全国調査が2020年に行われました（社会的養護関係施設調査 1,238施設への調査票送付、673施設回答、回収率54％）。それ

図4.6　児童相談所における相談件数（全国）

図4.7　児童相談所における相談件数：東京都（日本人）

図4.8　児童相談所における相談件数：東京都（外国人）

厚生労働省（2020）・東京都福祉保健局（2020）より筆者作成

によると、「1人以上外国籍等の子どもがいる」と回答のあった施設の割合は、乳児院で39％、児童養護施設で40％、児童心理治療施設で34％、児童自立支援施設で34％、自立援助ホームでは15％、そして母子生活支援施設では45％でした。里親への委託児童では、「1人」は17％、そして「2〜4人」は14％で、3割強の児童相談所で、外国籍等の子どもを里親へ1人以上委託していることがわかりました。

　子どもの国籍は、日本が最も多く、乳児院の場合はベトナムやネパールなど国はより多様で、かつ無国籍児童もいます。そして、日本以外ではフィリピン、韓国、ブラジルの国籍が比較的多くなっています。

　児童虐待の経験については、児童虐待の経験が「なし」の割合は、全体的に外国人児童の方が全体的に高く、心理的虐待やネグレクトも、外国籍等の子どもの方が全国の調査結果よりも経験している割合が低くなっています。

　第1章でも紹介したように、外国人子育て家庭では、専門的な支援も必要となるような養育問題を抱えるケースも多いことが窺えます。児童虐待のような養育問題は、①発達課題や医療ニーズ、また子育ての負担

表4.2　社会的養護関連施設に入所している児童の国籍割合

	乳児院	児童養護施設	児童心理治療施設	児童自立支援施設	自立援助ホーム	母子生活支援施設
日本	33.7	48	55.6	44.8	38.1	53.3
フィリピン	12	12.9	22.2	10.3	19	18.9
韓国	1.2	7.5	11.1	17.2	4.8	2.2
ブラジル	3.6	8.2	0	13.8	14.3	9.6
中国（台湾以外）	8.4	7.5	0	13.8	14.3	3.9
タイ	3.6	2	0	0	4.8	1.7
その他	27.9	9.1	11.1	0	4.7	10
無国籍	9.6	4.8	0	0	0	0.4

みずほ情報総研株式会社（2021）より筆者作成

表4.3　児童虐待の経験状況

	乳児院		児童養護施設		児童心理治療施設		児童自立支援施設		自立援助ホーム		母子生活支援施設	
	外国籍等	全国	外国籍等	全国	外国籍等	全国	外国籍等	全国	外国籍等	全国	外国籍等	全国
なし	54.2	57.9	23.1	30.1	5.6	18.2	13.8	30.1	19	20.3	41	38
身体的虐待	8.4	28.9	29.3	41.1	77.8	66.9	62.1	64.9	33.3	54	12.7	30.6
心理的虐待	7.2	16.4	19.4	26.8	66.7	47.3	34.5	35.3	42.9	55.1	46.3	80.9
ネグレクト	27.7	66.1	39.8	63	33.3	48.3	34.5	49.8	33.3	54.6	2.2	19.2
性的虐待	0	0.2	6.5	4.5	11.1	9	0	5.9	14.3	10.9	7	4
不明	1.2	1.1	3.1	4	0	3.4	10.3	5	4.8	7.8	3.9	3.8

みずほ情報総研株式会社（2021）より作成

感が高くなるような健康問題がある子どもの子育て、などの「子どもに関わる要因」、②失業、薬物・アルコール依存、自身の育った環境などの「保護者に関わる要因」、そして③貧困や社会的な孤立などの「社会的な要因」、などが重なり合う事で起きると考えられています。言葉の壁に加えて、さまざまな制度の理解の難しさなどに直面し、社会的、心理的なストレスなどがあるなかで、時には母国への仕送りをしながら生計を立てている保護者の場合、経済的、そして心理的な余裕をもつことができないことは少なくありません。こうした負担感は、外国人の子育て問題の要因の一つになるでしょう。

　また、子育ての方法やしつけとして許容される範囲、家族観などは、出身国の文化により様々です。例えば、アジアの途上国では、小学校の高学年の年齢の子どもが幼い兄弟の世話を親に代わってしている、という事は日常茶飯事です。それは、「家族でできることは支え合う」、という文化であり、「学校に行かせないネグレクト」としての意識はないでしょう。また、ミャンマーでは女性は月経の時期には洗髪は控えるそうです。「月経の間は体を冷やすことはよくない」という母国での考え方

があるからだ、という話を聞いたことがあります。しかし日本では、爪が伸びている、髪を数日洗っていない様子が感じられる、などは、児童虐待の可能性があるサインのひとつとして、虐待リスクの項目に記載されています。ある国では、それは体を大切にする行為なのに、別の国では虐待のサインとして捉えられる、ということが起きるのです。

　子育てでどこまでが社会的に許容されるかは、誰かがその都度説明してくれるわけではありません。また、日本社会の中で統一されているわけでもありません。ただ、養育の方法に課題があるとして、児童相談所を介した支援を受けた場合、外国人保護者は非常に戸惑うし、大きなショックを受けます。その時に初めて児童相談所、というものを耳にする人もいれば、「自分が外国人だから余計にそういう目で見られているのではないか」と感じてしまう人もいます。日々の社会生活の経験から「自分は日本人よりも地位が低い」という感覚がある人の場合、そういう受け止め方になりやすいようにも思います。そうして、日本社会に対し壁を作ってしまったり、自信を失ったりしてしまうこともあります。

(3)　障がい

　まだ十分な資料はないものの、日本語指導を要する児童生徒の在籍状況をみると（第2章参照）、特別支援学校に在籍する児童数は増加しています。ただ、これも児童相談所での相談件数と同様、必ずしも特別な支援を要する児童の実数が増えているとも限らず、以前よりも外国人の子ども家庭が発達課題に関連する支援の必要性への理解が支援者側に浸透した、ということかもしれないし、保護者側の、子どもの発達課題に関する日本での支援の理解が進んだ、という可能性もあると思われます。

　他の調査としては、2018年に国立障害者リハビリテーションセンターと厚生労働省が行った調査があります。全国の発達障害者支援センター（都道府県および政令市）、そして全国の発達障害者地域支援マネジャー配置事業所へのアンケート調査の結果、169件の回答のうち、「外国にルーツをもつ障がい児および家族について、相談を受けたことがある」

図4.9　特別支援学校に在籍する日本語指導が必要な児童生徒数

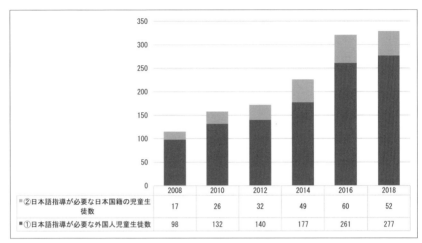

	2008	2010	2012	2014	2016	2018
②日本語指導が必要な日本国籍の児童生徒数	17	26	32	49	60	52
①日本語指導が必要な外国人児童生徒数	98	132	140	177	261	277

文部科学省（2020）より筆者作成

との回答は60％で、相談件数のうち、26％は未就学児、そして74％が就学児の相談となっています。

　多動や注意欠陥、コミュニケーションの困難など、発達障害や知的障害の診断基準のひとつとなる特性は、それが発達上の課題なのか、日本語の使用が少ないからなのか、または親子の関わる時間の少なさによる愛着欲求なのか、などの判断に迷うところです。外国籍等の子どもは、言葉の理解に困難があることから、特別支援教育に配置されるケースもあることも指摘されています。実際のところ、外国籍等の子どもとそうでない子どもとの間で、障がいの診断率の差があるかないか、についての研究の結果は様々です。海外の研究で、外国籍等の子どもの方が障がいの診断を受ける割合が多い、としている研究では、その背景には栄養失調、移住ストレスなどを要因として指摘しています。一方、外国籍等の子どものほうが障がいの診断を受ける割合が低いとする研究では、社会サービスへのアクセスが少ないこと、文化的な認識の違いなどをその理由としています（南野　2021）。

　移民の文化的背景の違いは、子どもの障がいに対する受け止め方に影響を与えることがあります。また、「子どもに障がいや発達上の課題があるかもしれない」と言われるショックは、どの国でも同じです。子どもの育ちの因果関係に関する考え方は、国によって異なることがあるため、特に欧米以外の国の子ども家庭にとっては、ネガティブな認識で、支援も十分に行われていないため、ショックや戸惑いは大きいでしょう。

　外国人は言葉の壁や制度の知識不足により、医療や健康に関する公的な支援を十分に活用できないこともあります。そもそも、障がいの定義、そして特別支援教育の制度を理解することは、私たちであっても簡単ではありません。障がいの診断の検査、その後療育に使われるツールは多くが日本語のものであり、外国語版は日本にはほとんどありません。「日本ではこういうシステムがある」「細やかな発達支援をする場所なので、子どもの話を保育士さんにしてもらうといい」など、保護者にとって受け入れやすい伝え方も大事でしょうし、インターネットで母国語のサイトを駆使して療育に使う教材などを探すなども必要になるでしょう。「プレーセラピーを見て、ただ遊んでいるだけだという理解になっていた」等、療育についても母国の文化にはあまりない、という事もあります。そして、療育に関連する絵本や教材を多言語で用意することも、今後の課題といえます。

3　求められている子育て支援のかたち

(1)　自分の物差しを疑う

　私たちは、頭では「決めつけはよくない」と思っていても、ある国の出身者、習慣や宗教に対して特定のイメージ、または違和感をもつこともあるかもしれません。しかし、外国から見たら、日本の子育て文化だって違和感を覚えることは少なくないはずです。必要な栄養の考え

方、子どもが何歳から一人で寝るか、お風呂に入るか、外出するか、などをとっても、日本での主流が世界での主流とは限りません。また、自分が今急に海外で子どもを育てる、学校や健康診断のシステムを理解する、書類を完璧に書ける、などをできるかと言われたら、それはかなり難しいはずです。立場を入れ替えて想像してみることが大事です。

　子育ての問題は、時に保護者の人格的な課題として捉えられてしまうこともあります。しかし、本当にそうでしょうか。日本社会にもとからある、社会的に弱者となりやすい子育て世帯や母子世帯を支えるような社会にはなっていないことも、外国人の子ども家庭が抱える子育て問題とも関わっているのではないでしょうか。外国人の子ども家庭の場合、そこに外国人であるという社会的にも不利になりやすい要素が加わることで、家族問題を抱えやすくなるのだと考えることもできます。「彼らの問題」ではなく「私たちの問題」として、一緒に子育てをしていくことが重要ではないでしょうか。

(2)　プラスアルファの説明

　色々考えるよりも、まずは「言葉の意味とか分かりにくいこともあると思うけど、何かありますか」と率直に聞いてみることから始めることです。「そもそも、その言葉から行事の内容が想像できない」ということもあります。「日本ではこの時期こういうことをやるんだけど、その際は親はこういうことをします。そして一緒に楽しむんですよ」と、その行事の意味や、親に期待されることを具体的に付け加えて伝えていくことも有効なサポートとなります。その際は「できなくても恥ずかしいなんて思う必要は無い」ということを伝えることも重要でしょう。

(3)　社会資源を広く取り入れる

　多様なニーズに対しては、通訳、NPO、日本語教室、療育・教育機関やスクールソーシャルワーカーと連携しながら支援にあたることが大切です。外国人保護者の会などを開催する保育所や地域もあるほか、外

74

国人の子ども家庭が多い保育・教育機関では、同国出身者の母親が通訳をしてくれることも多いと聞きます。通訳を常に確保することは実際には難しいかもしれませんが、ちょっとしたことについては、同国人や外国人向けの親のネットワークを頼ることも一案でしょう。

　また、自治体や研究チーム、NPOなどが作成している様々な多言語資料も、社会資源として活用することが有効でしょう。

⑷　代弁者になる

　代弁者とは、子どもの代弁者、そして親の代弁者、親はときに、子どもには自身のルーツを理解してほしいと願い、日々の子育てで母国で行われる方法での子育てを実践したり、母国に関する学習の機会を子どもにもたせたりすることがあります。しかし、「自分にとっては日本が母国だし、自分の国籍がある国にはまだ一度も行ったことがない」という子どもにとっては、それも違和感があります。親が日本語をうまく話せないこと、自分の進路についてあまり理解していないこと、そして子ども自身の思いを無視して母国の言葉や文化を理解してほしいと期待すること、などに対し、苛立ちを感じたりします。

　外国人の子どもは、学校生活を通じて日本語、そして日本での生活の作法を親よりも習得することが多い結果、子どもが日本人とのやり取りを担ったり、通訳をしたりするといった役割を担っていきます。すると、最近、病気や障がいの親を介護することで、自分自身の時間がなくなり、悩みを相談する機会がもてず、社会から疎外されてしまう子どもや若者を指す「ヤングケアラー」の問題などが、徐々に社会で認識されてきました。外国人の子どもも、ある意味ヤングケアラーに近いような状況になります。自身のアイデンティティもあやふやな状態で、一方では自分の生活や進路が、家族のためのものとなっていくのは重荷となることもあります。そうした子どもの気持ちを代弁して親に伝え、子どもではなく、社会や地域のサービスを活用する力をもてるような支援をしていくことはとても大切なのです。

引用・参考文献

国立障害者リハビリテーションセンター（2018）「『外国にルーツをもつ障害児とその家族への支援状況等に関する調査』ご協力へのお礼および結果報告について　平成30年10月30日」http://www.rehab.go.jp/application/files/6415/8329/7841/1f63bd41cda006a20a8439467a14aa26.pdf

厚生労働省（2021）「2019年度　被保護者調査」
https://www.e-stat.go.jp/stat-search/files?page=1&toukei=00450312&tstat=000001150607&result_page=1

厚生労働省（2020）「平成30年度福祉行政報告例の概況」
https://www.mhlw.go.jp/toukei/saikin/hw/gyousei/18/index.html

みずほ情報総研株式会社（2021）「厚生労働省　令和2年度子ども・子育て支援推進調査研究事業　児童養護施設等における外国籍等の子ども・保護者への対応等に関する調査研究報告書2021（令和3）年3月」
https://www.mizuho-ir.co.jp/case/research/pdf/r02kosodate2020_05.pdf

東京都保健福祉局東京都児童相談所（2020）「事業概要　令和2年」
https://www.fukushihoken.metro.tokyo.lg.jp/jicen/others/insatsu.files/jigyogaiyo2020.pdf

第2部

現場の事例から

第5章
外国人子育て家庭は何に悩んでいるのか

外国人保護者は、子育てで支援が必要な状況になりやすいことが知られています。では、具体的にはどのようなことに悩んでいるのでしょうか。本章では、自治体の調査、そして保護者へのインタビューをみていきたいと思います。

1 自治体の調査からみられる子育ての悩み

⑴ 自治体の外国人子育て家庭に関する調査からわかること

外国人の子育てでは、乳児期には妊娠から出産までのサポートが必要とされています。そして幼児期には、子育ての悩みや保育所・幼稚園の利用に関する悩みがあり、小学校入学後は、日本語を十分に理解していないことから、学習の困難等の課題が出始めます（南野　2020）。

ここでは、自治体の調査から、①外国人の子育て家庭が子育てで困っていること、②悩み等の相談先、③各自治体の支援状況、④今後必要なことについて考えていきます。参考とする自治体は、在留外国人数が多い都道府県から、東京都の台東区（2021）・板橋区（2019）・北区（2020）、神奈川県の川崎市（2020）・横浜市（2020）、静岡県浜松市（2018）とします。

⑵ 外国人の子育て家庭が困っていることとは

ここでは、川崎市（2020）、台東区（2021）、北区（2020）の調査から、外国人の子育て家庭がどのような悩みを抱えていて、どのようなことに困っているのかについて見ていきます。

　　まず、川崎市（2020）の調査から、「出産・育児で困った経験」、「保育園（所）・幼稚園で困った経験」について見てみましょう。「出産・育児で困った経験」では、「困ったことはない」が59.4％と一番高く、「分娩の費用が高くて困った」15.7％、「育児でわからないことがあっても、相談する人がいない」12.1％と続いています（図5．1）。「保育園（所）・幼稚園で困った経験」は、「困ったことはない」が44.7％で一番高く、「保育園（所）に預けたいのに、入れない」が25.4％、「保育園（所）の保育料が高い」24.6％と続きます（図5．2）。

　　次に台東区（2021）の調査を見ていきます。図5．3になりますが、「妊娠・出産・育児のことで困ったこと」について、「特にない」が36.8％、「子供が自国の言語、文化にふれる機会が少ない」24.0％、「妊娠や出産、育児にかかる費用が高い」21.8％、「子供を預けるところがみつからない」12.8％という回答となっています。図5．4「子供または回答者が幼稚園・保育園・学校で困ったこと」では、幼稚園・保育園について「特にない」が42.1％で最も高い数値ですが、「子供が幼稚園・保育園等に入りづらかった」が14.3％、「日本の幼稚園・保育園等への入園の仕組みがわかりづらかった」10.9％、「幼稚園・保育園にかかる費用が高い」8.7％という結果となっています。学校については、「特にない」

図5．1　出産・育児で困った経験

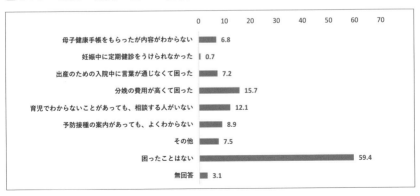

川崎市（2020）より筆者作成

図5.2　保育園（所）・幼稚園で困った経験

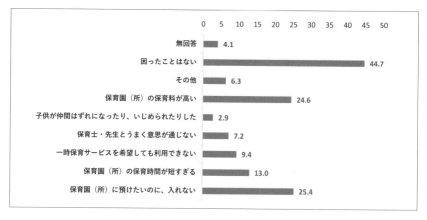

川崎市（2020）より筆者作成

図5.3　妊娠・出産・育児のことで困ったこと

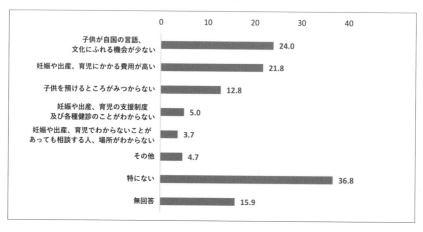

台東区（2021）より筆者作成

38.3%、「教育にかかる費用が高い」15.3%、「日本の学校への入学手続きの仕方がわかりづらかった」9.7%と続いています。

　続いて、北区（2020）の調査を見ていきます。「保育園、幼稚園で困っていること」の質問について、「ない」という回答が64.0%と最も高

図5.4　子供または回答者が幼稚園・保育園・学校で困ったこと

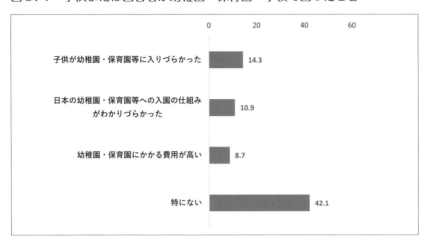

台東区（2021）を基に筆者作成

く、「幼稚園や保育園からのお知らせが分からない」12.0%、「相談できる人がいない」9.3%と続きます。次に「学校」に関しては、「日本の学校制度（PTA活動、入学試験等）が分からない」31.1%、「教育費が高い」18.9%が高い数値となっています。また、保育園・幼稚園、学校に行っていない方の「子育てに困っていること」は、「幼稚園や保育園に入れない」24.1%、「子育てに要する費用が高い」20.7%が高い数値となっています（図5.5）。

　ここまでの川崎市（2020）、台東区（2021）、北区（2020）の調査から考えていきましょう。まず、共通して高い数値となっているのが、「困っていることがない」という回答です。ですが、多くの人たちが困っていないのなら、支援やサポートは必要ないのかというとそうではありません。各子育て家庭ごとに、近所に親族が住んでいるかどうか、父母の就業状況や職場環境、各家庭の経済的状況、日本語の理解度、日本の滞在期間等、生活の背景は異なります。そして、実際に抱えている悩みや困っていることに関する回答があるということは、外国人子育て家庭に対して、支援やサポートが必要である、ということになります。

図5.5　子育てに困っていること（保育園・幼稚園、学校に行っていない方）

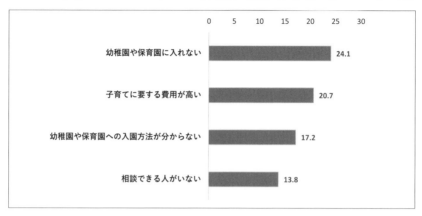

北区（2020）を基に筆者作成

　調査結果から、「困っていることがない」という回答以外に共通していることがいくつかあります。まず、第一に「経済的な費用が高い」ということです。川崎市（2020）では、「出産・育児で困った経験」にて、「分娩費用が高い」が15.7%とし、「保育園（所）・幼稚園で困った経験」においても「保育園（所）の保育料が高い」24.6%となっています。台東区（2021）も「妊娠・出産・育児のことで困ったこと」として、「妊娠・出産、育児にかかる費用が高い」が21.8%、また、幼稚園・保育園・学校で困ったこととして、「幼稚園、保育園にかかる費用が高い」8.7%とされています。北区（2020）においても学校で困っていることは、「教育費が高い」18.9%、保育園・幼稚園や学校に行っていない家庭では、「子育てに要する費用が高い」20.7%となっています。

　また、各自治体の調査から、日本での子育て費用は高いと感じている外国人子育て家庭が多いことが分かります。そして、妊娠時から出産、乳幼児期、学校に通うようになる児童期と、どの時期においても経済的な部分で困難な状況にあると考えられます。

　次に共通していることは、乳幼児期に「保育所や幼稚園に入れない（入りづらかった）」ということです。川崎市（2020）は「保育園（所）

に預けたいのに、入れない」25.4%、台東区（2021）は「子供が幼稚園・保育園等に入りづらかった」14.3%、北区（2020）では、「幼稚園や保育園に入れない」24.1%という結果となっています。このことから、各自治体にて、子育て家庭の一定数は、子どもが乳幼児期には幼稚園や保育所に預けたいという希望を持っているにも関わらず、実際には預けることができないという経験をしているということです。

　そして、「経済的な費用が高いこと」と「保育所や幼稚園には入れない（入りづらかった）」という2点は関連していると考えられます。外国人子育て家庭が保育所や幼稚園に入ることを希望しているということは、就労することを希望していることなど、何かしらの理由で子どもを預ける必要性があると考えられます。しかし、保育所や幼稚園に入ることができないとなると、就労することができない（短時間勤務となってしまう）という可能性があります。その場合、家庭の経済的状況にも影響してきますので、子育てに関する費用が高い、とする家庭がでてくるという循環になっていると考えられます。

　さらに、外国人の子育て家庭は、このような状況であっても相談できる人がいないということも、川崎市（2020）と北区（2020）の調査から読み取れます。川崎市（2020）では、「育児でわからないことがあっても、相談する人がいない」12.1%、北区（2020）においても「相談できる人がいない」9.3%という結果であり、約1割の子育て家庭で、育児などに関する相談をする人がいないということになります。

　これらのことから、外国人子育て家庭の中には、子育てにおいて困難な状況にも関わらず、相談することもできずにいるという家庭があることが分かりました。次に外国人子育て家庭はどのような人たちに相談しているのかということについて考えていきます。

(3)　外国人子育て家庭の相談相手や相談場所

　まず、外国人の子育て家庭に限定せず、「在留外国人の生活で困ったときの相談先」の調査結果を見てみましょう。川崎市（2020）は「家

図5.6　相談先は家族・親戚の割合：自治体別

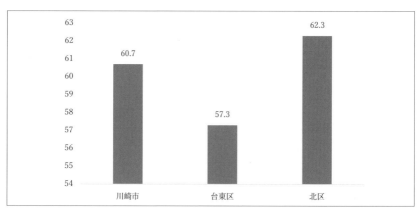

川崎市（2020）・台東区（2021）・北区（2020）を参考に筆者作成

族・親戚」が60.7%、次に「日本人の友人・知人」と「同国人の友人・知人」が約51%で続き、「市・区の相談窓口」は7.8%、「川崎市（2020）国際交流センター」が1.3%となっています。台東区（2021）は「家族、親戚」57.3%と最も高く、「区役所や東京都の相談窓口」は7.4%、「保育園・幼稚園・学校の先生」が3.3%と低い数値になっています。北区（2020）では、「家族や親戚」が62.3%で最も多く、「役所」は15.4%で、「保育園・幼稚園・学校」は4.2%という結果です（図5.6）。

　福富（2015）は、社会資源についてフォーマルな資源とインフォーマルな資源に分けられるとしています。フォーマルな資源とは、保健、医療、福祉、教育等のサービスから多岐にわたり、提供している主体も自治体から民間企業までさまざまなものが含まれ、一定の要件に当てはまれば、どのような人も利用することができるサービスです。インフォーマルな資源は、家族や友人、ボランティアなど私的な人間関係のなかで提供されるものです。インフォーマルな社会資源は、フォーマルな資源に比べ専門性が低い場合が多いとされていますが、フォーマルな資源よりも親密で、融通性が高いとしています。

　調査結果を社会資源という枠組みで考えてみると、在留外国人は、イ

ンフォーマルな資源を活用することが多く、役所の窓口や市の支援機関、保育園・幼稚園・学校といったフォーマルな資源の活用は少ないことがわかります。さきほど、外国人の子育て家庭は相談する人が少ないという調査結果でしたが、フォーマルな資源に繋がっていないことから、受けられる支援やサービスにつながることができていないとも考えられます。

　ではここで、外国人の子育て家庭のみを対象とした調査を見ていきましょう。浜松市（2018）の調査に「子育てで分からないときや困ったときはどうしているか」という質問があります。回答は、「自分の言葉でインターネットで調べる」50.6％が最も高く、「自分の母親や親戚に聞く」49.3％、「保育園・幼稚園の先生に聞く」43.4％、「同じ国の友達に聞く」42.1％と高い数値となっている一方、「市役所に聞く福祉課、健康づくり課」は1.3％と、かなり低い結果になっています。情報を得る方法としてはインターネットを多く活用していて、在留外国人の調査同様、家族・母親や親戚に聞くという回答が多いことがわかります（図5.7）。

　また、家族・母親の次には、保育園・幼稚園の先生が高い数値であり、外国人の子育て家庭にとって、保育園・幼稚園の先生は子育てに関

図5.7　子育てで分からないときや困ったときはどうしているか

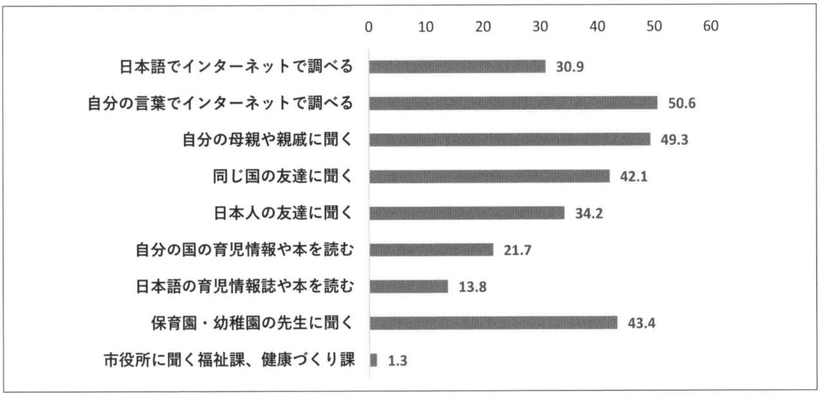

浜松市（2018）を基に筆者作成

する相談先となっていることがわかります。

　これらの調査から、外国人子育て家庭の相談先は、インフォーマルな社会資源が多く、フォーマルな社会資源はあまり活用していないと考えられました。しかし、外国人の子育て家庭は、インフォーマルな社会資源と同じくらい、保育所や幼稚園の先生といったフォーマルな社会資源も活用して子育てをしていると考えられます。

(4)　自治体の外国人子育て家庭への支援とその状況

　ここまで、外国人の子育て家庭の悩みや困っていること、外国人の子育て家庭の相談先について自治体の調査から考えてきました。ここで、各自治体が外国人子育て家庭にどのような支援をしていて、どのような状況なのかを各自治体の調査結果から考えていきます。

　まず川崎市（2020）を見ていきます。川崎市には、川崎市国際交流センターあります。この施設では、会議室や料理室等が完備されており、外国人の相談窓口や日本語講座も実施されています。そして、子ども向けの講座や小学校入学説明会といった外国人の子育て家庭向けの支援も行っています。しかし、川崎市（2020）の在留外国人への「生活に困ったときに相談する相手」の調査では、川崎市国際交流センターは1.3%と低く、利用率や認知度に課題があるようにも考えられます。

　次に子どもの語彙力・日本語について見ていきます。浜松市（2018）の「日本の小学校へ入学の申し立てをした子どもの語彙力」の調査から、約半数が日本語の語彙力に課題があるとしています（図5.8）。板橋区（2019）においても、保育所・幼稚園に通っていない子どもの保護者の28.2%、すでに保育所・幼稚園に通っている子どもの保護者の25.4%が、「子どもが日本語がうまくできるようになるか心配」と答えています。

　板橋区の小中学校には「日本語学級」があり、「来日あるいは帰国したばかりで、日本語が分からない」「授業で使われている先生の言葉や、教科書に書かれている言葉が理解できない」という児童を対象に、決め

図5.8　日本の小学校へ入学の申し立てをした子どもの語彙力

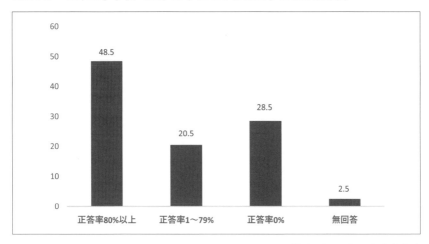

浜松市（2018）より筆者作成

図5.9　板橋区の日本語学級の認知度

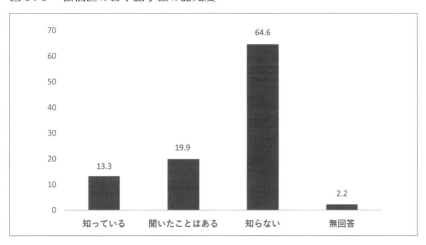

板橋区（2019）より筆者作成

られた日時に日本語学級に通い、日本語の指導や日本の行動様式の理
解、在籍している学校で必要なことの補足指導を行っています。しか
し、図5.9のとおり、板橋区（2019）の調査では「知っている」「聞い

たことがある」が合わせて33.2%に対して、「知らない」が64.6%となっており、行われてる支援に対して認知度が低い現状がわかります。

　また、横浜市では、公益財団法人　横浜市国際交流協会（YOKE）にて、就学前の子どもと親の支援を行っています。支援内容は、外国人親子の日本語教室や子育て支援の場で気軽に日本語を学べる活動、外国人の子育て事業・子育て支援に関する講座を実施しています。横浜市も日本語支援を行っており、外国人親子日本語教室は、子育て、子どもの成長を支援するうえで学んでおくべき知識と日本語能力を習得すること、そして子育ての情報や相談等地域とのつながり作りを目的に実施されています。しかし、横浜市の在留外国人への調査では、生活に困ったときの相談先として、横浜市国際交流協会の窓口・交際交流ラウンジは2.1%という結果であり、こちらも利用率や認知度が低いと考えられます。

　これらのことから、各自治体で支援活動は行われていますが、その支援活動の利用率や認知度が低く、支援が行き届いていないと考えることができます。これは、本来支援が必要な家庭が支援を受けるという以前に、支援を受けることができるということすら知らずに生活していて、日々の生活に不安を抱えている、心配なことがある、生活に困っている、どうしたら良いかわからないといった状況の外国人子育て家庭が存在していると考えられます。はたしてこのままで良いのでしょうか。

⑸　自治体調査から考える外国人子育て家庭への支援の課題

　ここまでの各自治体の調査から、これからの課題について考えていきます。外国人の子育て家庭は、経済的な問題、保育所・幼稚園に入ることができない、相談する人がいないという子育て状況が浮き彫りになりました。その中で、子育てで困ったときは、約半数の家庭がインターネットで調べ、自分の母親・親戚に聞いていることがわかりました。そして、半数近くが保育所や幼稚園の先生に聞いているという状況でした。各自治体は、相談窓口や日本語支援といった支援を行っているが、利用率・認知度が低い可能性があることが考えられました。また、外国

人の子育て家庭は、インフォーマルな社会資源につながっているが、フォーマルな社会資源にはつながりにくいということも考察してきました。

　ここまでのことから、外国人の子育て家庭に対して、自治体の相談窓口、日本語支援や保育所・幼稚園・学校といったフォーマルな社会資源につながることができるように取り組んでいくことが必要です。現在、外国人の子育て家庭が抱えているものは、家族や親戚といったインフォーマルな社会資源で解決するのは難しいでしょう。そのため、フォーマルな社会資源につながる必要がありますが、その方法として、調査結果からいくつか考えられることがあります。

　まず第一に、インターネットの活用です。浜松市（2018）の調査にて、外国人の子育て家庭の半数が、子育てでわからない時などは自分の言葉でインターネットで調べていました。ここで着目したいのは、日本語ではなく、自分の母国語ということです。日本語で調べている方は約30％という結果ですから、日本語以外でもインターネットを活用できるように整えていくことが求められます。すべての言語に対応することは難しいでしょうが、各自治体のホームページにて、いくつかの言語で子育て情報を調べることができるようにしていくことで、外国人の子育て家庭がフォーマルな社会資源につながるでしょう。

　次に、保育所・幼稚園・学校とのつながりです。台東区（2021）と北区（2020）の調査では、在留外国人の生活に困った時の相談先として、「保育園・幼稚園・学校の先生」があります。さらに、浜松市（2018）の外国人の子育て家庭に限定した調査では、子育てで分からないとき困ったときは、「保育園・幼稚園に聞く」と約43％の子育て家庭の方は答えています。台東区（2021）と北区（2020）は、子育てをしていない在留外国人も含まれていますから、こちらも子育て家庭に限定した場合は、数値が変わってくると思います。

　外国人の子育て家庭の中には、保育所・幼稚園に入ることができないといった問題もありますが、子育て家庭にとって一番身近なフォーマル

な社会資源は、保育所・幼稚園・学校であることがわかります。とくに保育所・幼稚園は送迎で毎日関わることのある機関です。そのため、保育所・幼稚園や学校が子育てに関する相談窓口となり、インターネットや自治体窓口等につながっていくことができるようになると、外国人の子育て家庭が、よりフォーマルな社会資源につながっていくことができるのではないでしょうか。

2　保護者へのインタビューから

　外国人保護者がどのようなことで困っていて、どのような形で支援の情報とつながり、あるいはつながることができていないのか。それを知るには、当事者に聞くのが一番です。本節では、外国人保護者に、どのように支援につながったのか、ということについて伺った内容を紹介します。

　今回お話を伺ったのは、東京都内で学習支援、子ども食堂などを行っている認定NPO法人Wを利用している外国人の保護者です。子育てに関連してどのようなことで困ったか、どのように対処したのか、公的機関の支援はどう感じているのか、などについて、5名の保護者にお話を伺いました。

(1)　保護者の概要

●Tさん（男性）
　東南アジア出身。2016年に来日し、レストランで働いている。同国人の妻、長女（13歳）、長男（9歳）の4人家族。

●Mさん（男性）
　東南アジア出身。2008年に来日し、現在は日本人が経営するお好み焼き屋で働いている。同国人の妻、長女（8歳）、次女（4歳）の4人暮らし。次女は日本で生まれ、保育園を利用している。

●Sさん（女性）
　東南アジア出身。2012年に来日し、現在は清掃の仕事（パートタイム）をしている。同国人の夫と長女（16歳）、長男（6歳）の4人暮らし。長男は日本で生まれた。

●Cさん（女性）
　東南アジア出身。2011年に来日し、現在は居酒屋で働いている。同国人の夫、長男（20歳）、長女（18歳）の4人暮らし。

●Aさん（男性）

　東南アジア出身。2006年に来日し、レストランで働いている。同国人の妻、長男（8歳）、長女（1歳8か月）がいる。長男は母国で生まれ、2歳の時に来日した。3年ほど日本にいたのちに母国に戻り、また日本に来る予定だったがコロナ禍で来日できておらず、今は母国で祖父母が育てている。

(2)　子育てに関する困ったことと対処

①　日本語は子育てでも大きな壁

　全ての保護者は一様に、子どもの事で困ったこととして「書類の日本語の理解」が大変だと語ってくれました。特に、自治体からもらう書類、学校で配られる書類を読み、理解し、記入する難しさは大きな苦労の種になっています。その際には、それぞれの身近な人にプリントを見せたり、写真を送ったりして何とか対応している様子が窺えます。

Tさん：学校のプリントの言葉がわからないです。そういう時はすぐにNPO法人Wでお世話になっているスタッフや、理事長のKさんに聞いて、プリントの言葉を教えてもらったり、書類の書き方を教えてもらったりしていますね。書類は、そのまま見せるときもあるし、写真を撮って、それを見せて教えてもらうこともあります。

Mさん：区役所から送られてきた書類が読めなかったり、書き方がわからなかったりします。そのときは、職場にもっていき、日本人の同僚に見せて教えてもらいました。健康診断とか、予防接種に関するお便り、保護者の同意書のような書類は渡して見てもらい、何を書けばいいのか教えてもらっています。子どもが保育所を利用するときにも、その友人から最初に保育所について聞いて、その後区役所に行って書類をもらって、また日本人の友人に渡して教えてもらいました。

Sさん：聞く、読む、書く、では書くのが一番大変。書類の記入で困っ
　　　　たときには、Cさんの子ども（先に日本に来て生活しているの
　　　　で日本語は理解できる）にサポートしてもらっていました。あ
　　　　とは、NPO法人Wのスタッフにサポートしてもらいました。
　　　　学校の書類について教えてくれることが、一番助かっていま
　　　　す。学校のプリントをもらったときに内容がわからないときに
　　　　は、それをもって学校に電話して行き、先生に教えてもらいま
　　　　す。そこで、一つずつふり仮名を振ってもらったりして教えて
　　　　もらいました。

Eさん：子どもの出産時には言葉がわからないこともあって、周りの人
　　　　に色々聞いたりしてやったけど、その時は本当に大変でした。
　　　　NPO法人Wでは、書類についてサポートしてもらったのは助
　　　　かりました。話すとわかることも、書類ではわからないので、
　　　　書くときに一緒にいてサポートしてくれる人がいるといいです
　　　　ね。

　日本語全般がわからないということではなく、会話ではある程度わか
るが、文字での情報は理解が難しい、ということもあるようです。ま
た、保護者が記入しなければならない書類も、何を記入するのか正確に
理解することが難しく、周囲の知人に聞きながら作成しています。

②　学校の出来事を理解し、関わることの難しさ
　日本語の理解が難しい事で、子どもの宿題を見たり、勉強の様子を理
解したりすること、そして学校の様子について共有できないことも、親
の悩みの一つになっているようです。

Mさん：小学生の長女の宿題は、算数はわかるので見ているけど、わか
　　　　らないものは対応できないから、それは先生にみてもらってい

ます。子どもも、自分のことはできるようになっているから、学校の持ち物の準備や学校のことは、先生に聞きながら自分でやっています。

Sさん：子どもの宿題も見てもわからないです。子どもの宿題を見た後にハンコを押すようなものは、わからないものもハンコは押しています。弟のほうが、「お母さんがひらがな・カタカナはわかるから教えてあげるよ」って言っても、「やだやだ、お姉ちゃんにやってもらう」って言うの。「あなた分からない、あんた分からない」っていつも言う。「お姉ちゃんにやってもらう」って。それは寂しいです。

Cさん：学校で先生と話す際には、子どもが通訳してくれています。電話がかかってくるときは、父親の方に電話をくれています。だからあまり内容はわかりません。

　　　　自分から先生に話をしたいこともあります。例えば「どうやって勉強しているのか」「学校では（子どもは）どんな調子ですか」とか。そういうことを聞きたいけど、うまく言えない（ので聞けていない）。それで、テストの点数を見るだけになっています。授業参観も、仕事が忙しいし、参観に行っても何をしているかわからないので、行かない。授業を聞いていても、何を言っているのか全然わからないです。面談の時には子どもも同席しているので、子どもが通訳しています。

Tさん：前に、息子が学校で他の子どもとけんかして、学校から呼ばれたことがあったんです。その時も困っていて、NPO法人Wのスタッフさんには色々話を聞いてもらったんです。

　今回話してくれた家族の中には、複数の子どものうち、日本で生まれ

た子ども、母国で生まれて日本に来た子どもが家族の中でいる、という
事例もありました。そうすると、日本で生まれ育った子どもは特に、小
学校の低学年から自分のことは自分でできていく様子もあるようです。

　また、両親のうち父親のほうが日本語を理解している、という場合、
父親に伝えたいことを連絡する、という事は実際に支援側の工夫として
あります。ただ、Ｃさんが話していたように、そのことで母親が、子ど
もについての情報があまり得られなくなり、そのことに不安や辛さを感
じているという事もあるようです。

③　中学、高校以降の勉強や進路選択
　子どもの成長に伴って、受験や高校進学、大学進学についても悩んだ
りしていく話も出てきました。

Ｃさん：高校は、娘が行けるか、合格するか心配だった。NPO法人W
　　　　のボランティアと一緒に勉強して、合格したけど、その後は
　　　　色々テストのお金とか、何をするにもお金がかかるから、それ
　　　　が大変でした。高校に入学後はテストの費用など、色々かかる
　　　　のが大変。何のお金なのかわからないこともあります。
　　　　　あとは、日本人だったら大学に入る時、ローンをもらって入
　　　　れるじゃないですか。外人はそんな入れないじゃないですか。
　　　　それはあって欲しいです。外国人も。審査とかも、日本語がよ
　　　　くわからないので落ちてしまうと思います。

Ｄさん：小学校まではそんなにお金もかからないけれど、中学校・高校
　　　　になったら塾とかも行かなきゃならないから、お金の問題は大
　　　　変でした。どの塾に行くかは、子どもが自分で調べて決めてい
　　　　ました。

④　子育てストレス

　もともと、人とつながる機会も必ずしも多くないなかで、コロナ禍でさらに人とつながったり、発散したりする場がない事でストレスを抱えています。

Aさん：下の子どもが泣くんだけど、泣くと隣りの家から「うるさい」と何度も言われています。数回警察の人がきまして。コロナで妻は家にいるけど、隣りから「うるさい」と何度も言われるので、それでストレスを感じているようで、家で泣いていることがあります。NPO法人Wに行って話をしたりすると、楽になっているみたいです。

Bさん：奥さんは、今は働いていない。言葉は自分よりわからないから大変みたいです。

⑶　どのように対処したのか

　言葉がわからず、制度も難しいという状況で、それぞれどのように対処してきたのでしょうか。職場や同国人のつながりで知り合った知人、そして学校の先生やNPOのボランティアに助けてもらいながら理解していくようです。

Sさん：保育園の情報などは、夫の友人（日本人）が色々と助けてくれました。子どもが生まれたときも、一緒に全部助けてくれた。注射や健康診断のことも調べてくれました。

Cさん：日本に来たばかりの時は、誰も何も読めなくて、夫の職場のマネージャーが助けてくれました。

Mさん：職場の日本人の友達で、子どもがいる人が、書類については教

えてくれます。保育所は送迎で行ったときに、保育士とも話を
しています。話は普通の話で「今日は寝ましたか」とか「どん
な風に過ごしていましたか」とか。妻は、子育てでサポートが
必要なときは、他の同国出身者の友人や自分、妻自身の親に聞
いています。同国人の知人は、板橋区にお寺があって、そこで
知り合っています。そこは、同じ国出身のお坊さんが働いてい
て、そのお坊さんが母国語の勉強を無料で教えてくれていま
す。そこで他の保護者と知り合って話したりしています。今ま
では週1回やっていたので行っていましたけど、今はコロナだ
から勉強もなくなっちゃった。

Aさん：日本人の友人はいないです。お互い忙しいから、ほしい、とも
　　　　思ってはいないです。

⑷　地域の社会資源とどうつながり、利用しているのか

①　自治体の支援利用の実際

　市町村の窓口で子育て支援について聞いたりすることについては、外
国人保護者は、どのような経験があり、どのようにとらえているので
しょうか。

Tさん：役所のホームページも見たことはあります。スマホで見たけ
　　　　ど、日本語が難しくてわからないです。英語もよくわからない
　　　　ので、見ないです。システム（ページの検索など）もよくわか
　　　　らない。学校のホームページも見たことはあるけど、言葉、特
　　　　に漢字が難しいので見ていないです。

Mさん：最初、区役所に行って書類をもらったとき、わからない時は
　　　　「わかりません」と言うと、紙にひらがなを書いてくれました。
　　　　区からくる書類では、健康診断や注射（予防接種）の紙など

は、よくわからないことがありました。市役所の情報は、翻訳アプリを使っています。文章ではわからないけど、音声で聞くと大体はわかります。話すところ（子育ての相談をする場）にはあんまり行きたくないですね。何か話すと分からないところが多いですから。簡単なものだと大丈夫ですけど。いっぱい喋ると、分からないことがほとんどになってしまうから。話す場所はちょっと。

Sさん：区役所から来た紙は、分からないから、区役所に行って全部教えてもらいます。人に言われて、ではなくて、自分がなんとかしないと、と思うので。

Aさん：区役所には、コロナ禍での給付金のことなどはお話を聞きに行ったりして手続きをしていました。日本語の書類は読むのが難しいです。その際には「英語で書いてください」とお願いして、必要なことを理解して記入することもあります。「ちょっとすいません、これ分からないね、何か書いた方が良いですか」って言ったり、「英語で書いて下さい」とお願いしたりとか。それで「ここに住所、名前、電話番号書いて下さい。」と言ってもらって書きます。話し言葉はわかるけど、読むのが難しいです。日本語のホームページはとても難しいですね。

　Mさんは、「子育てで困ることは？」との質問に対し「子どもが病気になったとき、預け先がないので、自分の用事はできなくなる」と話していました。「（ファミリーサポートセンターのような）一時的に子どもを預けるサービスは知っていますか？そういう場所は行きたいですか？」と伺うと、「色々な書類などを書くのがわからないから利用しない」とのことです。「では、例えばこういう支援は利用したい、というのはありますか」との質問には、「何があるかわからないので」とのこ

とでした。

　誰でも思いつきやすい、保育所、幼稚園や学校については理解しやすいし、利用するための行動も起こしやすい一方で、必ずしも多くの人が利用しているわけではない子育て支援事業や、1回だけ利用するような支援は情報もあまりなく、また手続きもよくわからない、あるいはしづらい、という事で活用には至らないこともうかがえます。

② 　地域の様々なサポートとのつながり

　外国人の保護者は、あるNPO法人（ここではNPO法人Wと記載します）の利用登録者です。では、そのNPO法人にはどのようにつながったのでしょうか。

Aさん：日本に来たのが2月なんですね。で、その際に学校の入学の相談に行きました。すると、子どもがほとんど日本語が話せなくて、それで学校から、「まずは日本語を勉強して4月からの入学にしましょう」という話になって、ここ（NPO法人W）にきました。

　Aさんの場合、Aさんの相談を受けた小学校が、その時にすでにつながりがあったNPO法人Wに、「今こういう子が来ているので、支援をできないか」という相談の電話をしました。そこで、NPO法人Wが「支援の利用申込書を送るので、プリントアウトしてその場で書いてもらってください」と返事したうえで、その場で申込書を学校に送りました。そして、その申込書に記載された連絡先にNPO法人Wのスタッフが連絡を取り、事業への参加に誘い、NPO法人Wとのつながりができました。Tさんは、そこで、生活支援に関する情報も得ていきます。コロナ禍での特例の給付金の申請も、NPO法人Wが社会福祉協議会につなぎ、社会福祉協議会の支援を得て、進めることができました。児童手当などについても、NPO法人Wから聞いて、手続きをした、とのことです。

　他の保護者の場合、同国人や日本人の友人からNPO法人Wについて知り、利用を始めているほか、子どもが先に情報を知り、支援を利用するようになり、それがきっかけで接点をもつようになった、という事例もありました。

Mさん：NPO法人Wのことは、同国人の友人から聞きました。それで、ホームページで調べてきた。その時は、食糧支援について聞いており、それで利用するようになりましたね。

Eさん：妻の友人の日本人が妻に教えてくれて、それで知りました。来てみて、色々な相談ができて楽になりました。

Sさん：自分の子どもが、学校の友達から「いっしょに行こうよ」と誘われていくようになり、それで知りました。娘は友達から「日本語も教えてくれるから行こうよ」と言われていくようになったようです。

　Mさんは、「今までNPO法人Wのような場所の存在は知らなかったです。コロナ禍になるまでは生活も困っていなかったので、利用することも考えたことはなかったです」とのことです。では、他のそうした子育て支援関連団体の支援は、利用したいと思うものなのでしょうか。Mさんは、「他の子育て支援のNPOは知らないです。学習支援は利用したいです」とのことでした。ただ、「日本語でやるところはわからない」とのことでした。
　では、NPO法人W以外に、どのような場所とのつながりを持ちながら子育てをしているのでしょうか。

Mさん：同じ国の出身のフェイスブックがあって、「どこで何がある」という情報は、そこでわかります。あとは、隣りの区にお寺が

あって、そこで同じ国の出身のお坊さんが、週に1回、子ども
に母国語を教えてくれています。そこで出会う同国人の人と話
をしたりしていますね。他の日本人とのグループはありませ
ん。

　ただ、Mさんは、そのお寺は多くの場合母親と子どもが来ており「女
の人ばかりで行きにくい」ので、あまり行かないそうです。Tさんは、
「自治体のサービスは色々あるのは知っているが、日本語がわからない
ので行かないし、行ってもわからないと思うので、行きたいとも思わな
い。もし外国人の親向けのイベントがあれば行きたい。」とのことでし
た。

　Mさんは、「同じ国の友人とは付き合いはあるけれど、子育てのこと
で助け合う、という事はない」とも話します。理由は「お互い忙しいか
ら」とのことです。Aさんも、「日本人で子どものことなどを話す友人
はいないです。お互い忙しいので、『欲しい』とも思っていないです」
とのことで、実際には日々の仕事の忙しさもあり、なかなか子育てにつ
いて知人とつながる時間をとる状況には至っていない、ということも窺
えました。

　最後に、「どのような支援があったらいいと思いますか」と聞いてみ
たところ、「通訳のサポート（Cさん、Dさん）」、「子どもの学習支援
（Tさん、Mさん）、「進学の際の支援（Cさん）」などが挙げられまし
た。

まとめ

　Tさんは、「日本は治安が良いし、人はやさしいので、日本で子ども
を育てたい。他の国でも働いてきたけど、やはり日本が一番いいのでこ
こで教育を受けさせたい」と話していました。一方で、「今後子どもが
高校受験をすることになるので、それについてはよくわからないので心

配です」とも話していました。Mさんも、「日本の教育はとても良いです」といいます。母国では、子どもに対するしつけや課題の厳しさを日本より強く感じる、とのことです。Eさんも、「日本の安全な社会環境や、子どもへの医療費の助成の手厚さなどがあり、日本で子どもを育てたい」と言います。

　インタビューをして、考えさせられたことが2点ありました。まず、「子育てについて」という話をしていても、いつの間にか、生活の大変さ、に関する話になっていくことが何度かありました。それは、質問の意味があまりうまく伝わらなかった、という事だけでもなかったように思います。話してくれた保護者は、実際のところ飲食店勤務や清掃業など、コロナ禍で仕事がなくなり、収入が減ってしまった保護者がほとんどでした。そういう状況の中で、保護者の意識の中に生活に対する不安が強くあり、そうした心境が、生活の不安に関する話に流れてしまう、という事でもあったように感じられました。

　「子どものことも大事で、教育や子育てにもできることをしたい、しかし目の前の問題としては生活費のことが大きな悩みである」というときに、そうした生活の不安や悩みを十分に聞かずに「保護者向けのこういう子育て支援イベントがあるから来てください」と言ったとしても、現実として、なかなか足は向かないのかもしれません。今回話を聞いた家族の中には、子どもの支援につながったことで、社会福祉協議会の支援につながったりしているケースもありました。子育て支援を生活支援とのつながりをもつものとしてとらえて、家族の状況に応じて、生活支援の関係機関につなぎ、生活支援と子育て支援を一体的に提供していく、ということも大事なのでしょう。

　2点目は、インタビューを終えたとき、Cさんから「いろいろ聞いてくれてありがとうございました」と言っていただいたことです。筆者は過去にも、外国人女性へのインタビュー調査を終えたとき、その女性から「今日はこんなに話を聞いてくれて嬉しかったです」と言っていただいたことが何度かあります。なかには、その女性が精神的にも非常に苦

しい時代だったときについても話が及び、女性が話しながら涙を流してしまう、というインタビュー調査で、「思い出させて辛い思いをさせてしまったな」と思ったような時であったこともありました。しかし、帰り際には「話せてよかった、ありがとうございました」と笑顔で帰っていきました。

　社会福祉の援助を学ぶときに、「傾聴」という言葉は何度も出てきます。相手の話に関心をもって、肯定的に話を聞く、という時間そのものが、その人を支えたり、元気にしたりするようなものになる、という事は、援助ではなくインタビューでも感じることがありますが、相手に関心を寄せ、肯定的な態度で話を聞く、という事が、子育て支援でも重要な一つの方法なのだろうな、という事も改めて考えさせられました。

引用・参考文献

福富昌城（2015）「相談援助における社会資源の活用・調整・開発」　社会福祉士養成講座編集委員会　『相談援助の理論と方法Ⅱ　第3版』　中央法規　pp.106-127

南野奈津子（2020）「第5章福祉的支援を必要とする外国人の子どもたち」　南野奈津子　編著　『いっしょに考える　外国人支援　関わり・つながり・協働する』　明石書店　pp.119-139

法務省（2021）「在留外国人統計概説（令和2年末）」　https://www.moj.go.jp/isa/content/001353005.pdf

台東区（2021）「台東区多文化共生に関する意識調査」　https://www.city.taito.lg.jp/kurashi/kyodo/tabunka/2021tyousa.html

板橋区（2019）「板橋区多文化共生に関する意識調査報告書」　https://www.city.itabashi.tokyo.jp/_res/projects/default_project/_page_/001/016/573/newtabunka.pdf

北区（2020）「北区外国人意識・意向調査報告者」　https://www.city.kita.tokyo.jp/somu/documents/gaikokujinishi

kiikouchousa_honbun.pdf

川崎市（2020）「川崎市外国人市民意識実態調査報告書」
　　https://www.city.kawasaki.jp/250/page/0000116810.html

横浜市（2020）「令和元年度 横浜市外国人意識調査 調査結果報告書」
　　https://www.city.yokohama.lg.jp/city-info/seisaku/kokusai/kyosei/
　　fr-chosa01.html

浜松市（2018）「外国にルーツを持つ就学前の子どもと保護者の子育て
　　支援に関わる調査報告書」
　　http://www.hi-hice.jp/doc/aboutus/report/questionnaire.pdf

第6章
外国人子育て家庭と地域の社会資源をつなぐ実践
：立川市の事例から

　外国人子育て家庭の支援に活用できる地域の団体は存在しても、子育て家庭と団体がつながるためには、自治体の機関が仲介や調整を行う役割を担うことになります。では、自治体の仲介や調整では実際にはどのように行い、どのような課題が見えているのでしょうか。本章では、東京都立川市の市民協働課のS氏へのインタビュー（筆者：Mと記載）から、実際の状況をみていきます。

1 立川市の概要

　立川市は、東京都のほぼ中央から西寄りに位置する市です。多摩地域の中心部分にあり、JR立川駅周辺は商業が発展し、都心まで40分程度で行くことができます。その一方、市域の南側には東西に流れる多摩川が、北側には武蔵野台地開墾の源となった玉川上水の清流が流れ、国営昭和記念公園もあります。市域の北部は都市農業や武蔵野の雑木林など

立川駅前

図6.1　立川市在留外国人：国籍別割合

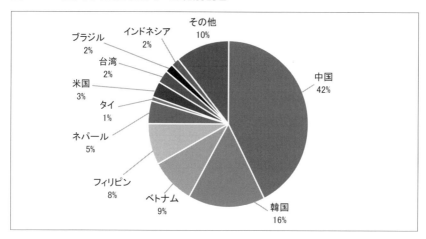

法務省（2021）より作成

　緑豊かな地域を形成しています。令和3年8月1日現在の人口は18万5,030人で、合計特殊出生率（令和元年）は1.32で、東京都の1.15を上回り、子育て世代の居住者が多い市となっています。

　2021年6月における立川市の在留外国人数は、4,650人（法務省2021年）で、中国出身者の割合が高くなっています。また、近年はベトナムやネパールの住民も増加しています。

　立川市は、2016（平成28）年12月19日、多文化共生社会の実現を目指して「立川市多文化共生都市宣言」を行っています。外国人の生活相談や多文化共生に関する実務は、市民生活部市民協働課多文化共生係が担当しています。

2　立川市の外国人支援・多文化共生について

　今回、東京都立川市の市民協働課のS氏に、外国人子育て家庭と地域での支援、そして社会資源をつなぐ実践について話を伺いました。

　ここでは、インタビューを掲載する形で、その実情を紹介します。

(1)　外国人子育て家庭への支援の実際

●最近の状況

S：立川市として外国人の子どもの家庭への支援では、それを特別に特化したものは今のところ聞いたことはないですね。しかし、外国人が増えている現状から考えたならば、例えば自動翻訳機を使って話したり、今まで日本人専用で作られていた案内や申請書などをそれぞれの言語に訳して、来た時にはそれを見せながら話をしたりしています。学校の授業についていけてない可能性が高い、ということで保護者と面談したい、という相談も増えていることをものすごく体感しているところです。

M：動きとしてはいつごろからでしょうか。

S：立川市では、国際交流や多文化共生について市民や行政の意識が盛り上がったのが、平成4年ごろからなんですね。「国際交流団体を立ち上げようか」という話が出始め、日本語教室をやるボランティアさんが集まって1つの団体が出来上がりました。その時の盛り上がりのピークが、平成13年あたりでした。この頃、立川市では国際化が進み、ブラジルの方なども増えてきました。その中で、前の盛り上がりとはまた別に、「何とかして外国人を支援できないものか」という地域の方の意見もあり、今は子どもたちをサポートしていこう、という新たな動きになっています。

●子ども関連機関での通訳の手配や調整

M：実際の支援について教えてください。

S：未就学児などの相談も外国の方が増えているので、あらかじめ「どこの国の方か」「何語を使われるか」などを伺った上で、職員だけでの対応はおぼつかないな、となった時は、市民協働課に通訳依頼の連絡が来て、通訳をつけるようにしています。通訳はNPO法人と委託契約をしています。外国人保護者と委託先とをつなげて、日

程を調整したうえで通訳に来てもらっています。こちらから外国人保護者に申し上げるのは「いつ希望するのか、何日か候補をあげてください」と。そしてそれを「この候補日で今依頼が来ているけど都合がつく日はありますか」と依頼をすると「○日なら大丈夫ですよ」と返ってきますので、また保護者に伝えて、あとは所管課で対応してもらっています。

M：依頼はどの課から多くきているのでしょうか。

S：保育課、子ども家庭支援センター、子育て推進課、子ども育成課、その他必要に応じて学校の指導課もありますし、教育支援課など、学校の方からも依頼がありますね。あとは、子ども家庭支援センター、未就学児のご相談、そして今は教育支援課、指導課といった、学校のスクールソーシャルワーカーさんの経由、などです。

M：通訳の依頼は、年間どれくらいあるのですか。

S：5〜6年前は10件、ここ数年は4〜5件です。2020年あたりからは積極的に通訳をつけるようにしたところ、2020年は12件で、今年6月でもう6件になっています。

M：言語だと何語になるのでしょうか。

S：インドネシア、ベトナムの方も数は増えていますが、傾向としては中国語とネパール語です。通訳を使うのは大人ですが、子どもと、小学校の途中から来日して編入、ということで、言葉が追いつかないようです。今は学習支援の団体に相談したり、つないだりしています。そうした団体は市内には2つあり、本格的な日本語支援が必要な場合は、市外の団体にもお願いしています。

M：市内・市外、という線引きは、特にはないのですね。

S：立川市だけではどうしても追いつかないので、人伝えで聞いていくと、「A町にある」「B地域にある」というのが分かってきて、その団体を学校に紹介したり、直接相談していただいたりしています。

M：例えば妊娠・出産とか、母子保健の分野での接点はあるのですか。

S：妊娠届出書とか、子育て関係の書類を「外国語に翻訳してほしい」

などの依頼もあるので、そういう接点はあります。以前に、「妊娠しました、もうすぐ出産します」という状態で立川に来られた方がいて、その方の医療保険、妊婦健診などが違う自治体のものでした。ですので「立川に変えなきゃいけない」ということで、手続きから一緒にして、産まれた後の手続きなども「多分そちらで全部やろうとすると追いつかないから、こちらで対応しますよ」ということで、手続き書類の書き方から伝えて、出生届から予防接種の予約、病院に連絡入れる、というところまでをサポートしました。担当部署には「外国の方で、まだ分からないから。こういう予防接種受ける予定なので、一緒に考えてあげてくれませんか。」と伝えました。母子保健の部署からもきちんと書類は行くので、「何か来たら、こちらに来ても大丈夫ですよ」と伝えました。で、「このハガキがきた」となると「これはここでやるから病院に行くんですよ」とか「集団接種だから、ここに。」などの話をします。もちろん母子保健担当にも連絡を入れて「私の認識は間違っていますか？大丈夫ですかね？」と連絡して、確認したりしています。

(2)　教育現場への支援

●学校とボランティアをつなげる

M：学校に関わるような支援のケースとは具体的にはどのような形でしょうか。

S：きっかけは「言葉が原因で授業についていけているのか心配な子がいる、日本語を教えてくれるところを知らないか」との相談が学校からあり、具体的な状況を確認した中で、ボランティアさんに「こういった子がいるんだけど、どこかで日本語を教えてあげるところはないかな」と話す中で、学校も「放課後だったら学校の教室を使えますよ」と言ってくださり、ボランティアさんと調整して、進めました。

M：最初は多分1つの学校からスタートしたと思うんですけど、そこか

ら他校に広がったりしましたか。

S：ボランティアさんに「こういう子がいるんだけど助けてもらえない
　　か」という話が学校からあり、ボランティアさんが授業中のサポー
　　トに行っているケースはあります。

M：予算との関係はどうでしょうか。

S：学校教育では、授業の通訳等の予算はあります。一方、市民協働課
　　では日本語教室の開催、そして国際交流イベント、相談業務の予算
　　があります。その他、外国人学校に通っている方等の支援や海外の
　　姉妹市交流のための補助金等があります。今回の学校でのサポート
　　は、日本語教室の開催をお願いしている団体が担ってくださり、そ
　　の日本語教室に対して払われている委託費でやりくりしてくれまし
　　た。本来であれば学校が困っているとなれば学校の予算ですし、そ
　　の他にも学童保育、子ども家庭支援センターなどで困っている場合
　　は、それぞれのところで予算を持っていた方が使いやすいはずなの
　　ですが、現状ではそれがなく、市民協働課の予算がそれに近いの
　　で、そこを活用しよう、という形となっています。ボランティアさ
　　んは「無償でいいよ」とおっしゃるのですが、ボランティアさんに
　　負担がかかるのは気にかかっています。

M：ボランティアがあと何年間その子の支援をするか、というのはどの
　　ように決めているんでしょうか。

S：そこが課題で、少なくとも今のボランティアさんの認識では、「解
　　決するまでは何らかの形でつながっていようよ」っていう想いがあ
　　ります。まだ、実数はつかめてないし、どのくらい来るか分からな
　　いから、「今来ている子達はなるべく心配して関わっていこう」と
　　いう感じです。小学校の入学、中学校の入学、卒業、高校入学、と
　　いうターニングポイントのところまではやろうかな、というのはあ
　　ります。

●協働する際の配慮

M：学校は、市民協働課や国際交流関係団体などとは、必ずしも接点が
　　あるわけではないと思うのですが、そういう部分での難しさはあり
　　ますか。

S：最初の関係づくりの難しさはありますね。多分、学校は外の機関な
　　どとの接点が多くはないので煮詰まっちゃうこともあると思いま
　　す。以前、教育委員会のある部署から「ある学校が困っていると
　　言ってるのだけど何かありませんか」と話があり、「一緒に考えま
　　しょう」と声をかけて、ボランティアを紹介することもありまし
　　た。そうしたなかで、市民協働課に声をかけてくださるようになっ
　　た学校がいくつかあって、「こういう子がいるのだけれど」って
　　言ってくれて、「じゃあ、こうしましょう」といった道筋が徐々に
　　できてきました。

M：「よかったら一緒に考えましょうか」という連絡は市民協働課から
　　するわけですよね、学校にしてみると、時に「急に連絡が来た」と
　　いう感じになることもありますか？

S：そうですね。突然の連絡で戸惑われることも多いです。なので、
　　「実はこういう子どもがいらっしゃることを保護者との話で把握し
　　たり、あとは国際交流関係での打ち合わせでちょっと聞いたので、
　　お伺いさせてもらっています」と言ったり、あとは、「○○小でテ
　　スト的に放課後の日本語教室をやっていて、これがうまくいけば他
　　の学校でもやりたいんですけどいかがですか」という形などです
　　ね。学校も不安がありますから、まずは信頼関係をつくる、という
　　ことですね。いきなり教育関係以外の団体が連絡すると戸惑われる
　　こともあるようですが、市民協働課から「市民の方から『近くのA
　　国から来た子がどうも家に閉じこもっているらしい』っていう話が
　　私のところに来たので、『スクールソーシャルワーカーさんにつな
　　いでいただけたら嬉しいんですけど』というケースもありました。

M：模索しながらなんですね。

S：実際には、個人情報等のこともあり、情報の共有が難しい時もあります。また、子どもについて学校と保護者の認識が違う、ということもあります。そういう時に、その誤解をどのように解くか、などは迷うこともあります。

M：学校だと、保育園・幼稚園では出づらかった問題も出てきますよね。

S：例としては、4月に1年生になった子で、お兄ちゃんが先に小学校にいたので、弟の保育園時代の様子も何となく聞いていた、ということがありました。お兄ちゃんが1年生に上がった時から、子どもたちの日本語や家庭の問題についても話せる機会があり、「弟は保育園でどんな様子なのか、言葉の問題もあるけど、もしかしたら発達に課題があるかもしれない、だけど親御さんはあまり心配していらっしゃらない」という話もあり、「そのまま小学校に上がると心配だね」という話になり、スクールソーシャルワーカーさんが旗振り役になってケース会議が行われて、入学に備えることができました。

外国の子どもの場合、例えば子どもが走り回っていても保護者はあまり怒らない、というケースもあり、日本人の感覚とは違うように感じたこともあります。外国の子どもは、家庭生活の影響か、発達の課題かというところの見極めが難しい中で、今後どう支援していこうか、という悩ましいケースもありました。

M：事前に把握できていると良いですよね。

S：先ほどの事例では学校からもすごく感謝されました。この子の場合は状況が掴めていなかったのですが、ケース会議後に校長先生自ら保育園に連絡を入れて確認をしてくれて、「事前に状況がわかって良かった」とおっしゃっていただいたので、良いケースになったかな、と思います。

M：ケース会議はどのような感じで行う流れになったのでしょうか。

S：まずお兄ちゃんのケース会議で、『この子はどうしていこうか』と

いう意見交換を行い、お母さんにも『小さい子どもを家においてこられないだろうから、一緒に来ちゃってください』と言って来てもらいました。そこでボランティアさんとの接点もできて、お話がしやすくなっていきました。実は下の子が通っている保育園の園長先生はボランティアさんの知り合いで、『どうですか』と連絡したらしいのですね。それで、『じゃあお兄ちゃんのケース会議の中で、後半は弟の方の入学した時にどう対応するかっていうのを少し話しましょう』ということになっていきました。

実際には「当たって砕けろ」でやって、ボランティアさんと一緒にデータを蓄積しています。

(3)　学習支援と生活支援のつながり

●学習に関わる課題から家族の生活背景が見えてくる

M：学習支援をしていくうちに、例えば家庭がすごく貧困だったとか、実は家にあまり学校に行っていない子どもがいる、といったこともありますよね。

S：あります。経済的な厳しさを抱えていることがわかった時には、ケースバイケースですが、社会福祉協議会や奨学金などの制度を紹介したりします。日本語の勉強も、収入に応じて無料の措置をとってくれている団体があり、結構頼っています。今は通えないからオンラインで行う試みを、協力してくれている学校にも投げかけをしているところです。

M：オンラインでの学習支援も意外とできますよね。

S：子ども達も面白いのでしょうね。自分でしゃべっているのが伝わり、相手から返ってくる。興味を持たせて、会話をしている点は、とても成功していると思いますね。

M：保護者の方から直接連絡が入って相談っていうのはあるのですか。

S：保護者の方から直接的に僕のところへの連絡はないです。学校からは、大体は先生が心配して、という形です。保護者は相談をすると

ころが分からず、学校に相談をするっていう概念もあまりないのか
もしれません。未就学児も、同じですね。

M：保護者が「何とかなっている」っていう感覚もあるかもしれないです
　　ね。

S：「自分が何とかなったから、子どもも何とかなる」っていう風には
　　おっしゃっていました。「子どもが勉強できなくたって家族の世話
　　をできれば良い」という考えもあり、相談や面談をする際に通訳派
　　遣をしながら、通訳さんと上手く信頼関係ができたら支援の話に
　　のってくる、というのもありましたね。

M：市民協働課に、子どもに関する相談で来る方はほとんどいないので
　　しょうか。

S：いないですね。逆にそれが心配で。困っているのだけど、日本語が
　　できないからどこに行って良いのか分からない。または、子どもか
　　ら話を聞いたって、子どもが学校で困っているっていうことが分か
　　らない。だから、相談もできない、といった感じもありました。教
　　育への意識が高そうな人でも、相談先が分からない。あとはお国柄
　　もあるのでしょうね。出身国によっても違う気はしますね。

●日々の小さな「わからない」を解決する

S：日本語ができないから、申請書も何も書けないし、読めない。で
　　も、働きたい、保育園に入れたいとなると、直接保育課に行けば、
　　保育課が支援できるはずなのですが、どこに行って良いか分からな
　　いっていうのがあって、だからとりあえず市民協働課多文化共生係
　　に電話をかけてみようと、となり、「じゃあ来てもらって、そこで
　　聞くから」と、どんな問題でも良いですよ、ということで来てもら
　　うようにしているのですよ。「保育園だから保育課に行って」とし
　　てしまうとおそらく相談に行かないんじゃないかなって。

M：物事の一歩手前から教えてくれる、という人は大事ですね。

S：直接行けば、もちろん申請自体の話は聞けるけど、何をやって良い

　　か分からなくて帰ってくる。大人でも、確定申告や医療費など、多くのニーズがあります。やっぱり、日本語が分からないっていうところで難しいところがあるな、と。それを見てあげる人がいないと辛いなというケースはありますね。

M：「これ合ってる？」と本人が言ってくれれば、こちらも「どれどれ」となるけど、その前の段階ですよね。

S：そうですね。やっぱり保護者が、どこに、何を、どうやって相談したら良いか分からない。担任の先生が話をしたくても言葉が通じないっていう、そこが大きいポイントですね。言葉を壁に感じて、なかなか相談できない。一方で、日本の文化と全然違う文化を持っていらっしゃる方もいるので、そもそも保護者自身が子どもに対する支援は必要としていない。でも、子どもはすごく必要としている、というギャップをどうするのか、ということだと思います。

M：そういう場面で、外国人の保護者に例えば「もっとちゃんと相談した方が良いよ」といったアドバイスをすることもありますか。

S：僕は基本的には、そこは学校などで解決してもらうものだと思っているので、直接的なアドバイスというのはできない、というかやっていないです。事例としては、あるアジア出身の保護者のケースで、その時にお願いした通訳さんが色々言ってくれる通訳さんで。ただ単に通訳すれば良いだけでなく、その日本の文化の違いと、相手の文化の違いまできちんと話をしつつ、「日本に住んでいるのだったら、こうしないとだめ」と言ってくれる。日本人の言う「したらどうですか」という曖昧な言い方ではなくて、「生活するのだったらこう考えていかないとやっていけない」といったことを言ってくれる通訳さんがいらっしゃいました。保護者の方の認識が改まることもありました。私が相手の言語を話せないので、その意味で、言葉としてはある程度できた方が良いな、とは思うこともあります。

M：例えば、市民協働課や国際交流協会、または学校や保育所、幼稚園

などで「外国人保護者向けの説明会をやるから来てください」と
いったことはあるのでしょうか。

S：立川市としてはないですが、複数NPOが関わっている国際交流協
　会が実施している高校進学ガイダンスがあり、各中学校ではその資
　料を子どもに渡しているようです。それを持ってガイダンスに行っ
　て、そのなかで言葉の課題がある場合には日本語支援のNPOとつ
　ながり、「高校にどうやって入るか」といった動きはあると聞いて
　います。

●関わりでの配慮

M：外国人の保護者の場合、子どもの話については関わるのは女性が多
　いですか。

S：不思議とネパールは男性です。女性は見たことないです。私が関
　わっている保護者は、もちろん子どもは男の子も女の子もいるけど
　女性の保護者は1回も見たことないですね。中国の方は、男性より
　は女性ですね。ネパールがちょっと特別なのかな。アメリカもお母
　さんだし。カンボジアだとお父さんだったかな。

M：お父さんが来る時、お母さんが来る時で、気を遣うポイントは違う
　こともあるのですか？

S：この子もお父さんが怖いって言ってるから、「お父さんが言ったら
　子どもは絶対なのかな」などは、気をつけて話をしますね。

(4)　支援する側の協働

●複数の部署が関わるゆえに起きること

S：例えば、保育所を利用したいという相談の場合、まず就労の話とな
　ります。就労のために、何をするのとなったらハローワークに行か
　なきゃいけない。ハローワークに行ったら今度は、「○○書」を書
　かなきゃいけない。保育園に入るための条件は、就職活動や就職な
　どの条件があり、「いきなり保育課に行っても利用はできないよ」

ということがわからずに困ってしまって。で、「いきなり行ったら無理だよ、だからこれやろう」ということで一からやり直ししたら、無事に入園手続きまでできた、というのもありました。なので、コーディネートが必要なのだろうな、というのはあります。

M：具体的にはどのようなアプローチをするのですか。

S：今は、学校や他の職場にも「何かあったら言ってください」「できる範囲で、協力します」というアナウンスをしています。

M：間に立つコーディネーターが必要、とのことでしたが、どのような難しさがありますか。

S：学校については、例えば教育委員会はきちんとした規定や法律に基づいて教育をやっていて、そこからずれることはあまりできませんので、何度も保護者と話をして、納得をしてもらう事は大事だと思います。できるだけ直接話して、理解を求めることが大切だと思います。教育以外については、もちろん言葉の問題もあります。職員側も時に、外国人が日本語が分からないのに、いわゆる役所言葉を使ってしまうこともあります。例えば、「特別徴収」という税金の区分があるのですが、「特別徴収」と言っても理解は難しいのだから「お給料から引かれる税金」とか、そういう風に言ってあげれば良いのですが、外国人が「日本語分からない」と言っていても、一定の役所言葉で話してしまうこともあります。そうした時には「今こう言ったのはこうですよ。だから、こうですからね」と説明することもあります。職員側も慣れていないので、どう会話して良いか分からない、ということもあります。

M：そういう場合に、つい相手には理解しにくい言葉を使ってしまう側は「なぜ分からないのだろう。困ったな。」という感じで、「自分が工夫したほうが良いのだな」という認識にならないこともありますか。

S：それもあるかもしれないですね。そこは今後変えていかないといけないと思うのですけどね。なので、間に入って、クッション代わり

になって、やり取りをして信頼関係を作っていく、という苦労はありますね。今は、「やさしい日本語」の情報を庁内の共有システムに出しているのですよ。

M：それは講座ですか？

S：講座もやりたかったのですが、今は「やさしい日本語とは」というところから、ということで、何回かに分けて、全職員が見ることができる掲示板に出しています。やっぱり理解してもらわないと意味がないから、言葉を簡単にしてあげるということです。気になるのは、簡単にするあまり、異訳してしまうこともあります。例えば、「建物が壊れているかもしれないので逃げて下さい」という時に、やさしい日本語を見たら「壊れた建物から逃げて下さい」となっている。それで「やばいじゃん、壊れているじゃん」と外国人から言われたことがありました。「違う、壊れているかもしれないから逃げる、だよ」と言うと「言葉が違う」と言われまして、そういう誤解もあるので、やさしい日本語をこれからも工夫して使ってもらえればと思います。

●感じている課題

M：コーディネートの課題はいかがでしょうか。

S：市民協働課では子ども達だけじゃなくて、外国人の相談がすごく増えていて、そのやり取りもあります。また、子ども関係の相談でいえば、ボランティアさんとの、信頼関係だけでつながっているのでこの後どう継続していけるのか、というのは課題だと思います。

M：外国人の子ども家庭の支援について、「もっとこういう取り組みが地域でされていくことが理想だな」と感じることがあったら教えて下さい。

S：子ども会などの地域活動がもう少し活性化されると良いと思います。外国人の場合は見た目が違うだけで、いじめなどが多いので、彼らが理解をされる場を積極的に設ける必要があると思います。地

域でも色々支援はあるとは思うのですが、それに行きやすくなると
いいのでは、と思います。実際にそこに外国の子が飛び込んでいけ
るかと言うと、やっぱりかなりハードルが高いので、そこを何とか
できないかな、と思います。例えば、そこを学校のお友達同士で
引っ張って来ることができるような仕掛けでしょうか。居場所作
りってよく言われているのですけど、まさにそうだと思います。

M：地域の子育て支援に関する施設やサービスの場合、多分おいてある
絵本も日本語が多いから読み聞かせできない、とかありますよね。
困っても声を上げない人もいるんでしょうね。

S：外国人の方に「お友達どこにいるの？」って言うと「三重県、北海
道、沖縄」っておっしゃるんですね。近くにいない。で、「声を上
げてこない人たちは、どうなのかな」「なぜ今まで問題になってこ
なかったのだろうか」と。おそらく問題はあったけどそれまでは1
人、2人だったのが、最近はどんどん増えて、溢れ出ている、とい
う思いもあります。が、「じゃあ、そういったものをコーディネー
トする役割って誰？」となったとき心配ですね。

●地域住民が支えあう

M：当事者への支援とは別に、日本人側の意識を変えていくのも大事で
しょうかね。

S：そうですね。先日いらしたネパールの方は、僕は言葉が分からない
から、身振り手振りで色々やっていただけなのだけど、とても感謝
してくれて、本人が言ったのが「外国人に対してここまで親切にし
てくれる人はいない」とのことで、「日本人は何とか伝えよう、と
やっていないのかな」と思うこともありました。

M：「こういう子どもを支援するアルバイトやボランティアやりたいん
ですけど、団体を作りたいんです」などの話をしに来る人はいるの
ですか。

S：います。ただ、有償ボランティア希望の方もいるし、あとは子ども

との相性などもありますので、難しいこともあります。

M：いかに彼らの力をお借りするか、ということも大事ですね。

S：同じ境遇の国の方で、「日本語ができない、じゃあ助けてあげよう」ともっていけば主役になってくるはずなので。それを日本人が見ていればもちろん協力関係もできてくるだろうし。学校の中でも容姿が違うことでいじめを経験したりするけれど、逆に主役となって、外国ルーツのある子ども達を集めて、そういう取組みをやったらどうかな、などと考えますね。

ボランティアとして外国の方ももうちょっと含めて入ってきて、その方が日本語を教えるとか、そういう風になっていくと良いね、ということで、定着させる手立てを考えているところです。やっぱり外国の方が来れば、日本の方も変わる。日本人が変わるというよりは、外国の方がどんどん出てくれば変わらざるを得ないと思います。やっぱり日本人の気持ちを変えるのは日本人よりも当事者の外国人の方から発信していくのも大きいな、と。

まとめ

　支援を必要とする、あるいは、自分からは声を上げないけれど、支援が必要と思われる外国人の子育て家庭に気づき、そしていかに社会資源を活用し、関係部署との連携をしていくか。この課題はどの自治体も経験していることでしょう。そうした課題に対し試行錯誤しつつ、真摯に取り組んでいらっしゃるS氏の話に共感できる読者、参考になった読者は多いのではないでしょうか。

引用・参考文献等

法務省（2021）『在留外国人統計（2020年6月）』

　https://www.e-stat.go.jp/stat-search/files?page=1&layout=datalist&
　toukei=00250012&tstat=000001018034&cycle=1&year=20210&mont

　h=12040606&tclass1=000001060399&class2val=0

立川市ホームページ　https://www.city.tachikawa.lg.jp/index.html

東京都福祉保健局（2020）『人口動態統計　令和元年（2019年）』
　https://www.fukushihoken.metro.tokyo.lg.jp/kiban/chosa_tokei/
　jinkodotaitokei/reiwa01nen.html

第7章
自治体の取り組み：佐倉市の事例から

　本章では、自治体の子育て支援に関わる部署の実践や課題を紹介します。NPO法人や社会福祉法人の支援者にとって、そして自治体にとっても様々な機関との連携の必要性を感じつつも、お互いの実情を十分に知る機会を持つことができているかというと、そうした場がない、その時間をとることが難しい、などもあり、お互い情報交換はしたいができていない、というのが実情のようです。では、自治体では、様々な子育て支援の課題や制度改正の対応に追われる中で、どのように外国人の子育て支援に取り組んでいるのでしょうか。その実際や課題の実際を知るために、千葉県佐倉市でお話を伺いました。

1 佐倉市の概要

　佐倉市は、千葉県北部、下総台地の中央部に位置し、都心から40キロメートルの距離にある。都心までおよそ60分、成田空港と千葉中心部へはそれぞれ20分で、空港や都心部へのアクセスも比較的よい一方、市の北部には印旛沼が広がり、豊かな自然が残っています。

　人口17万2,754人（2020年7月末）で、うち外国人の人口は3,766人で、総人口の2.2％と、全国の平均に近いですが、特徴的なのが、アフガニスタン国籍の外国人住民の急増です。佐倉市には、海外への輸出等を目的として、自動車等の解体、コンテナ詰め等の作業のために使用する、いわゆる「ヤード」での仕事に就く外国人の所に同じ国籍の外国人が集住する流れで、アフガニスタン出身者が増えたようです。

図7.1　佐倉市在留外国人の国別人数・推移

年＼国	総計	中国	フィリピン	アフガニスタン	韓国・朝鮮	ペルー	ブラジル	スリランカ	タイ	米国	バングラデシュ	英国	その他の国	無国籍
2011	2,030	475	438	148	264	159	115	37	92	47	11	28	215	1
2012	2,115	475	463	173	246	155	122	35	92	52	14	24	263	1
2013	2,050	418	415	195	254	156	118	30	79	47	19	28	289	2
2014	2,148	441	427	207	244	157	107	37	75	50	22	30	348	3
2015	2,283	449	427	238	260	173	99	51	76	53	22	27	404	4
2016	2,477	473	451	300	255	170	85	50	81	51	24	26	509	2
2017	2,693	528	469	334	245	173	86	63	88	53	19	27	606	2
2018	3,037	566	529	403	261	177	87	64	84	56	23	26	759	2
2019	3,349	624	535	449	297	182	88	73	79	57	28	30	905	2
2020	3,766	701	534	533	320	203	109	100	77	51	32	32	1,074	－

佐倉市（2021）

図7.2　佐倉市の外国人生活情報：ホームページより

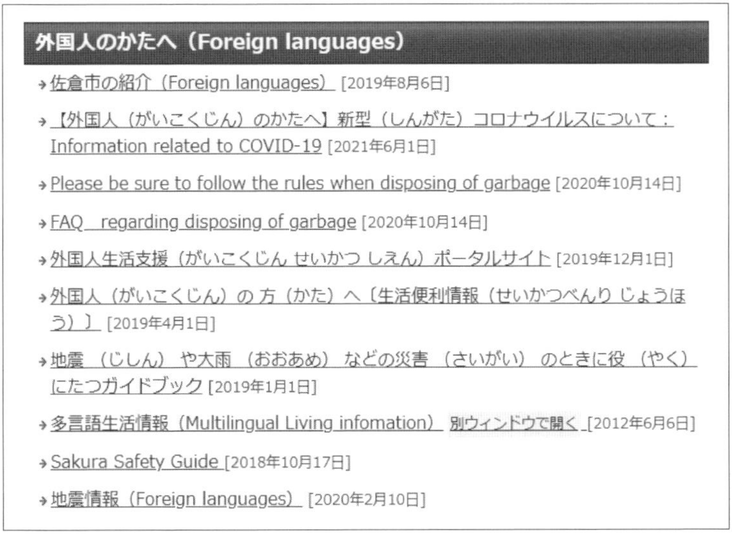

外国人のかたへ（Foreign languages）

→ 佐倉市の紹介（Foreign languages）[2019年8月6日]

→ 【外国人（がいこくじん）のかたへ】新型（しんがた）コロナウイルスについて：Information related to COVID-19 [2021年6月1日]

→ Please be sure to follow the rules when disposing of garbage [2020年10月14日]

→ FAQ　regarding disposing of garbage [2020年10月14日]

→ 外国人生活支援（がいこくじん せいかつ しえん）ポータルサイト [2019年12月1日]

→ 外国人（がいこくじん）の 方（かた）へ〔生活便利情報（せいかつべんり じょうほう）〕[2019年4月1日]

→ 地震（じしん）や大雨（おおあめ）などの災害（さいがい）のときに役（やく）にたつガイドブック [2019年1月1日]

→ 多言語生活情報（Multilingual Living infomation）別ウィンドウで開く [2012年6月6日]

→ Sakura Safety Guide [2018年10月17日]

→ 地震情報（Foreign languages）[2020年2月10日]

ホームページ（2021年8月13日時点）

図7.3　外国人向けの広報誌「HELLO SAKURA」の一部

Kodomo Shokudō

Everybody's smiles gather, the town's bond where warm rice nurtures! Find your nearby place or visit them all!

♦ **Kodomo Shokudō** – What kind of places are they?
These are town's eateries, places of relaxation where anyone can easily go. Children and people of all ages can stop by and meet with local people through "food". In complete peace of mind, children can come alone after school and decide their own way of spending their time. Some do their homework, some eat together with their friends or chat with their neighbors.

♦ **"Sakura Attaka Shokudō"** – Who is cooperating with this network?
The children's eateries "Kodomo Shokudō" in the city are run by local volunteers, social welfare corporations, NPO's, etc. The Council of Social Welfare serves as the Secretariat to create a system for cooperation between the diners, such as exchanging information on various initiatives and issues, as well as sharing surplus ingredients and goods.

※Additional details through the City's Homepage - QRC

(2021年8月　No.381、p.1)

　佐倉市では、生活情報の発信は多言語で行われており、英語、スペイン語、中国語でのニュースレターもホームページに掲載されています。ニュースレターでは、健康診査などのほか、子ども食堂などの情報も掲載されています。

　今回、健康推進部母子保健課のM氏、こども支援部こども保育課のS氏、こども支援部こども家庭課のO氏、教育部指導課のH氏にお話を伺いました。

(1)　母子保健課の取り組み

●妊娠届から始まる支援

　母子保健課では、妊娠期から乳幼児期の支援で外国人のご家庭と関わることがあります。一番最初の関わりとしては、妊娠届出です。産婦人科で妊娠が確定されると、「母子健康手帳を市役所で受け取ってください」と言われるので、そこで外国人の妊婦さんやそのご家族と、最初の面接をします。今、コロナ禍により、妊婦の母子健康手帳の受け取りは事前予約制としています。予約なしに突然来る外国人の妊婦さんが多いのが実情で、その時には、対応ができるスタッフで応対します。

　母子保健課では、外国人の妊婦の聞き取りの際に使用するアセスメントシートを作成し、使用しています（図7.4）。そのシートに添って聞

き取りを行い、日本語の会話の状況、読み書きができるかどうか、などを確認します。あとは「日本語ができる協力者がいるかいないか」も聞きます。そうした聞き取りを行い、日本語ができる方がいればその方に通訳を頼みながら現状について話を聞いていきます。多くの場合、日本語がわかる通訳がいる、あるいは親族が近所に住んでいるという情報が出てきます。そこで、その親族の方の連絡先を聞き、親族を通して状況を聞くこともあります。通訳が同行していれば、その通訳さんを介して「佐倉市の母子保健サービスはこうですよ」「妊娠中の健診は受けてくださいね」などと伝えています。

英語ができる妊婦さんであれば、外国語の妊娠届出書を利用してもらい、出産予定日がいつなのか、等の確認をしていきます。その他、「妊

図７.４　外国人妊婦のアセスメントシート

外国人妊婦に対する確認シート

① 在留期間	在留期間満了日　　年　　月　　日			
② 来日状況	来日してからの期間　　年　　か月			
③ 今後の予定	□日本で出産し、日本で子育てする。 □日本で出産し、母国に帰る（　　歳頃まで） □母国で出産し、日本に戻ってくる（時期：生後　　か月頃） □母国で出産し日本に戻る時期は未定			
④ 日本語ついて	会話：　□できる　□できない 読み書き：□できる　□できない			
⑤ 更新手続き	□本人または家族等が手続きできる。 □確認が必要			
⑥ 日本語ができる協力者	□いる	名前	間柄	電話
	□いない			
⑦ 出身国等		出身国	母国語	来日理由
	夫			
	妊婦			

※在留カードを持参している場合はコピーを添付

娠は望んでされたものなのか、予定外だったのか」という妊娠の背景、また、日本で支えてくれる人はいるのかどうか、等を含めてアンケートにも答えていただいています。

　母子健康手帳は、日本語版の他に英語版を用意しています。スペイン語とかタガログ語とかありますが、いろいろな言語を揃えても、母子健康手帳の内容が更新されるため、英語だけにしています。言葉でのコミュニケーションが難しい際には、「どこの病院に通っているのか」を聞いて、病院にも妊婦さんの情報を確認しています。

●リスクアセスメント

　妊娠届出の聞き取りが終わった後に、その妊婦さんのサポート体制の状況、例えば妊娠週数が遅い届け出の状況等に関するリスクアセスメントを行います。「妊娠届は大体11週までに出してくださいね」と案内していますが、外国人の方は、妊娠中期くらいになって「妊娠に気づかなかった」ということで、遅い届け出になることもあります。また、多産の方の場合、第7子第8子の妊娠で窓口に来ていることもあります。こうした、多産や遅い届け出等に加えて、「日本で支えてくれる人がいるか」などを含めてリスクアセスメントを行います。その後、保健師による支援を妊娠中から継続するか、について判断をしていきます。その後支援を行うかどうかは、リスクのレベルを設定して、それを基に判断しています（図7.5）。

●他部署・機関にもつなぐ

　話を聞く中で、かなり経済的に困窮している、あるいはオーバーステイ（超過滞在）等の場合は、「特定妊婦」として、こども家庭課に出産後も特に連携して支援を要する妊婦、ということで連絡しています。また、健診の時、女性の医師の診察を希望する場合には、女医の先生がいる機関を紹介することもあります。

　別の事例では、小児科の医師より「受診で来た親子が、日本語がさっ

図7.5　子育てに関するアセスメントシート

Childcare Support Checklist
育児支援チェックリスト

You are kindly requested to answer the following questions for us to provide appropriate support for your childcare. Please circle the applicable answers.

あなたへの適切な援助を行うためにあなたのお気持ちや育児の状況について質問にお答えください。あなたにあてはまるお答えのほうに、○をして下さい。

Question（質問）	Answer（回答）
1. Has your doctor told you about any problem with the baby or your body during this pregnancy, or at the time of the delivery? 今回の妊娠中に、おなかの赤ちゃんやあなたの体について、または、お産のときに医師から何か問題があると言われていますか？	Yes（はい）　・　No（いいえ）
2. Have you ever had a miscarriage, stillbirth or the death of a baby younger than one year of age? これまでに流産や死産、出産後1年間にお子さんをなくされたことはありますか？	Yes（はい）　・　No（いいえ）
3. Have you ever talked with a counselor, psychiatrist or psychotherapist about your psychological or mental problems? 今までにも悩みは、あるいは精神的な問題でカウンセラーや精神科医、または専門科医などに相談したことがありますか？	Yes（はい）　・　No（いいえ）
4. Listed on the right are the questions about people around you who you can talk with and ask for advice when you have a problem. 困った時に相談する人についてお尋ねします。 ① 夫には何でも打ち明ける事ができますか？ ② お母さんには何でも打ち明けることができますか？ ③ 夫やお母さんの他にも相談できるひとがいますか？	① Can you tell your husband everything? 　Yes（はい）　・　No（いいえ） ② Can you tell your mother everything? 　Yes（はい）　・　No（いいえ） ③ Is there anyone, other than your husband and mother, who you can talk with about your problems? 　Yes（はい）　・　No（いいえ）
5. Are you having financial difficulties or anxieties? 生活が苦しかったり、経済的な不安がありますか？	Yes（はい）　・　No（いいえ）
6. From the view point of your childcare, are you satisfied with your current house and surrounding environment? 子育てしていくうえで、今の住まいや環境に満足していますか？	Yes（はい）　・　No（いいえ）
7. Have you experienced any serious illness, accident (or death) of yourself, a family member or someone close to you during this pregnancy? 今回の妊娠中に、家族や親しい方が亡くなったり、あなたや家族や親しいかたが重い病気になったり事故にあったことがありますか？	Yes（はい）　・　No（いいえ）

The information you provided on your Pregnancy Notification Form, Questionnaire for Expectant Mothers and Childcare Support Plan may be shared with other childcare support facilities in the city.
Please note that a public nurse may contact you, based on your information, to provide information about childcare services and make sure everything is all right.
*The Pregnancy Notification Form and the Questionnaire for Expectant Mothers are stored by the city for five years.

Signature（署名）：

This list ends here. Thank you for your input. 以上でアンケートは終了です。ありがとうございました。

ぱり分からないので、市の方で支援をしてくれないか」という相談があり、市が通訳者を把握していたため連絡を取り対応した、ということもありました。

●発達に関する支援
　1歳半健診と3歳児健診が法定化されており、市町村が主体となって実施していますが、1歳半健診の時には「どれくらいお話ができます

127

か?」といったことを聞いています。「3つ意味がある単語が出ていれば」発達面で問題ないなど、判断ができますが、外国人の子どもだと母国語で、「3つ出ていればOKだろう」という判断をしています。もし出ていない場合には、2歳の歯科健診とか、2歳半の歯科健診などが半年ごとにあるため、そこで保護者の方が来たら定期的に確認をしています。3歳ぐらいになっても言葉が出ていない、あるいは全然出来ない、という場合、そういった方に言葉の教室とか、発達支援を促すための親子教室などに誘ってもなかなかつながらない、といった課題はあります。

(2)　保育所・幼稚園の利用に関わる支援

次に、こども支援部こども保育課班長のS氏にお話を伺いました。子ども保育課では、保育所や幼稚園の入園に係る実務、そしてその他託児施設に類する保育施設の入園管理を担当しています。近年急増したアフガニスタン系の保護者は、宗教的な影響で女性が働かない文化にあり、基本的に保育施設の利用はなく、幼稚園の利用が多く、そのほかにも中国系、アフリカ系、南米系の家庭からの申し込みが増えているとのことです。

●幼児教育の無償化がもたらした外国人子育て家庭の利用急増と支援
　ニーズ

利用が劇的に増えたきっかけは、令和元年10月の幼児教育の無償化です。「利用にお金がかからない」ということで、元々両親が働いていてもそれまでは就学前施設の利用はなかった家庭も、利用するようになりました。こうした情報の入手経緯は不明ですが、それを機に、幼稚園、そして認定こども園にアフガニスタン系の家族の申し込みが激増しました。

それまで家庭での保育が中心だったため、保護者、子ども共に日本語を覚える機会がなかった家族が利用につながったことで、様々な支援

ニーズが出てきました。外国人の多い地域では、3割程度が外国人の子どもになっていることもあります。利用料は市が払うので、幼稚園としては安定収入となる側面もあります。今までは潜在的にニーズはあったけれど、利用していなかった子どもの利用につながった、ということでもあるといえます。

●受け入れに関わる支援

　窓口での対応は、日本語で行います。必要な書類の多くは、職場からもらうものが多いため「こういう書類が必要ですから会社に聞いてみてください」と伝え、そのほかの書類は職員がつきっきりで一緒に記入することが多いです。通常の利用の受付は30分程度ですが、こうした場合1時間から3時間くらいはかかります。

　実際には、無償になるのはすべてではなく保育料のみであり、その他の費用は発生するけれど、それが理解されない状況がでてきています。かつ、無償の対象年齢は3歳以上であること、3歳未満の場合は所得により変動する、などの但し書きが認識されていなかった結果、無償ではないことがわかり、「なぜですか？タダじゃないならば辞退します」というケースも出てきました。また、「銀行口座からの引き落とし書類を貰ってきて作成してください」などの手続きについても理解を得ることが難しいなど、手続きでの理解を得る作業が急増しました。

　また、その場で児童の問診を行い、健康状態を確認する作業にすごく時間がかかっています。「言語はどの程度発することができるか」という日本語の発達状況も指標になるのですが、基本的に日本語を知らない家庭で育っていると、その発達段階での言葉が出ないこともあるため、それが環境のせいなのか、児童の発達の問題なのか、その見極めがとても難しいです。入園調整の際に、児童の発達状況を正確に認定できていない状態で保育園などに送り出すことで各施設が苦労してしまう、という状況があります。

●情報を正確に伝える難しさ

　保育所の利用を申し込む外国人保護者の場合、母親も働いているケースであればある程度は日本語での理解もできますが、幼稚園は状況が違います。そうした中で、各幼稚園や認定こども園での対応が増えたことにより負担は大きくなっているのが実情です。

　例えば、そろえる備品について伝える際「帽子は後ろに日よけの布がついている帽子です」ということがなかなか伝わりません。「どこで買えるのか、それはどう聞けばいいのか」なども伝えていくため、説明の時間がかかっています。

　解決策として、例えば通訳の派遣や翻訳アプリの活用も簡単ではありません。実際の場面では、母親が急いで迎えに来て、その時に言わなきゃいけないことが伝えられず、模索している途中、というのが実感だといいます。

●保育所、幼稚園、こども園が経験している大変さ

　外国人が多い地域の保育所は、自分たちで英語の書類を用意しています。入園面談も、通常は30分程度で終わりますが、翻訳アプリを使って3、4時間かけてやっていく感じです。実際は、「これを用意してください」と一つ伝えると「それはどこで買えるのですか」などの質問が出るので、それを一つずつ伝え「おむつには名前を書きましょう」「どこに書くのですか」「何語で書くのですか」など、それぞれは小さなことですが、それを伝えていくと、結果的に時間がかかる、という実情があります。父親は日本語が話せるが母親が話せない、という事例もあり、子どもの迎えに来るのは母親なので、送迎時のコミュニケーションが全く取れないこともあり、そこが難しいところです。

　S氏いわく、情報取集能力が高く、施設について事前に調べている保護者もいるが、そうではない家庭が一定程度存在するそうです。そこで、送迎の時間、子どもの発熱時の対応、などのルールに関する情報を

持ち合わせないところで「なぜ利用ができないのか」などの疑問が出てしまいます。派遣業で就労する外国人保護者も多いと、連絡がつかないことも多く、コロナ禍の問題とも併せて保育現場での対応の苦労が生じている、とのことです。

●情報に乗り遅れることで、準備の負担が生じてしまう

　一般的な幼稚園、日本人が多いような幼稚園は、11月に申し込んだりして、4月から入る、というのが流れですが、そういう情報に乗り遅れてしまいがちです。そうすると、随時募集している、定員にも余裕のある幼稚園の方が入りやすくて、そうした幼稚園に外国人の子どもが入園する、ということもあります。幼稚園も、そうした対応にだんだん慣れていきますが、それでも対応が難しい時もあります。幼児教育の無償化については、「一度市役所に来て手続きしなければならないので『市役所に行ってください』と伝えてもうまく伝わらない」などの相談が幼稚園からくることもあります。書類も、幼稚園が全部訳して、書き方などを伝える、ということもあり、そうした作業が負担になっているようです。

●子育てや幼児教育の文化の違い

　イスラム系の方で食べられないものがあり、その際には「給食を提供するか」、「その食材だけを抜くか」、などについて、一つずつ聞き取りを行っています。ただ、あとから新たなことが判明していくことについていくのが難しいです。また、離乳食の文化がない国の場合、例えば甘い砂糖水のようなもので代用しているケースもあり、食育の観点からも保育所が困っている、というケースもありました。子どもにとって食べたことのないものが多く、出せるものがなかった、ということもありました。確認でも、「しらすを食べたことありますか？」「しらすって何ですか」など、食材のイメージもなかなか伝わらず、時間を要してしまうようです。

　また、例えば写真を園のホームページに出すこと、また写真をインターネットを通じて販売するような時、同意書を記入してもらう際に書き方がわからない、またその使い方がわからず写真が買えない、なども起きています。

(3)　学校での個別支援

　次に、小、中学校での支援について、教育部指導課H氏にお話を伺いました。

●日本語の支援から生活支援まで

　市には、日本語適応指導という制度があります。具体的には、学校の先生と外国語を話せる支援の先生（以降、講師の先生）とが、日本語指導が必要な児童生徒に対して協力して支援を行う制度です。最初は生活面での支援が中心になりますが、学校生活に慣れ、日常の会話ができるようになってくると、学習支援に比重がおかれます。中学生になると進路について支援することもあります。

　進路支援の際は、生徒だけでなく保護者への支援も必要です。三者面談の日程、提出書類等、保護者の方に進路についての情報がうまく伝わっていないということが起きる場合があります。そのような時、必要に応じて、講師の先生に通訳をしていただくこともあります。

　講師の先生を派遣している小、中学校は、昨年度は全体の約7割です。配置される学校のうち、多いところでは外国籍の子どもが1クラスに5、6人いる学校もあります。特定の学校に集中する傾向もあります。外国籍の児童が多いと、担任の先生は対応するのに苦慮します。転入等で年度途中に来た場合、講師の先生をすぐに派遣することが難しいため、担任の先生が身振り手振りで教えています。保護者、児童それぞれに対して「日本の学校はこういう仕組みなんだよ」ということを理解してもらうのに、時間がかかります。子ども達は、担任の先生や友達の助けを受けながら、言葉が通じないなりに、見よう見まねで「こうやる

んだ」「ああやるんだ」と色々なことを覚えていきます。

　講師の方と先生方の情報交換や共通理解の時間がゆっくり取れないことも課題です。「今日はこんな勉強をしました」など、講師の先生が担任や管理職の先生に支援した内容を伝える時間をとるのは難しいです。いかに共通理解の時間をとっていくか、現場の先生方は苦慮しています。

　子ども達は、遊びを通して学校生活に慣れていきますが、学習面の課題は多いです。講師の先生に横についていただき、学校によっては、該当の児童生徒を別の学校の場で、日本人の先生と講師の先生とで一緒に指導する形式を取っています。拠点校のような場所があり、そこに該当の児童生徒が通ってくるという形も考えられるのですが、保護者が車を持たない、日中の送り迎えが難しい等の理由で実現していません。

● アフガニスタン出身の子どもの家庭ゆえの支援課題

　2020年度に支援を受けた約90名の児童では、ペルシャ語が最も多く、他に、英語、タガログ語、ダリー語、中国語、スペイン語、韓国語などです。アフガニスタン出身の児童生徒が多いですが、ペルシャ語の講師は非常に少ないです。半数以上の保護者は、やさしい日本語しか伝わりません。保護者とのコミュニケーションを図ることが難しい場合、日本語の分かる親戚の方にサポートをしていただくこともあります。

● 発達の問題

　日本語適応指導を受ける児童の中には、発達について課題があるのではと判断に迷う児童もいます。中には、ご家族と相談して、特別支援学級に在籍している児童もいます。そうすることで、生活面、学習面ともにより細やかに指導を受けることができます。集団の中で、先生や友達が何を言っているのかよく分からない状態で過ごすより、日本語の吸収が早いという話も聞きます。

(4)　子ども家庭福祉分野

　次に、児童虐待や障害など、より福祉ニーズの高い子ども家庭支援に携わる部署である、子ども支援部こども家庭課のO氏にお話を伺いました。

●養育問題の実際

　家庭児童相談のうち、相談全体の約1割弱が、外国人世帯の相談になっています。最近はアフガニスタンの家族の相談が急増しています。以前は他国出身の保護者による、オーバーステイ（超過滞在）と夜間就労のためのネグレクト、助産問題等が中心でしたが、文化的な違いで、虐待に類するような養育問題が出ることがあります。

　また、ドメスティックバイオレンスに関する相談も受けていますが、そうした際には、親戚を通じて、あるいは友人を通じて相談が寄せられることが多いです。その際に難しいのが、聞き取りを行う際の言葉の問題です。家の中の問題なので、なかなか実情を把握できないですし、ペルシャ語の通訳の確保にも苦労しています。どうしても少数言語ですし、予算の制約もあり、難しいです。

●子どもの居場所支援

　児童虐待に関わる相談支援のほかに、学習支援団体の紹介などもすることがあります。佐倉市には、アフガニスタン出身者の集住地区で活動している団体があり、そこで学習支援も受けることができています。会場は、社会福祉協議会が窓口になって借りており、口コミで外国人のこどもも利用することが増えてきました。子ども達がそうした社会資源を利用するようになり、徐々に日本語ができるようになってきます。そうなることで、保護者が子どもに日本語の部分を手伝ってもらえるようにもなってきています。ただ、そうなると、家に帰った時の親との言語ギャップがあって、親のこと馬鹿にするような子ども達が出てきたりし

ている、ということも起きています。ただ、そうした家族の状況に対して、自治体として具体的に何かを行うことができているわけではないのが現状です。

●潜在的なニーズへの対応の実際

　実際には色々なニーズは潜在的にあると認識しています。例えば、以前にパスポートもなく、出生届も出ていない、というケースで、就学年齢を過ぎてから「パスポートもないけどどうしましょうか」という連絡が来た、という事がありました。その際には、教育委員会にも一緒に入ってもらって、学籍を作るところから始めなければならない、ということになりました。子どものいる家庭でも、自治体ごとの仕組みや支援そのものも十分には理解できていないことを感じます。困っている人は、他の人とのつながりも希薄なので、問題も初期の段階で対応できない状況であることが多いようです。

2　自治体での支援の課題の実際

　ここからは、共通して出された課題を3点取り上げます。

⑴　主要な外国語以外の言語を使用する外国人家族への支援

　今回、印象的だったのが、英語や中国語以外の、翻訳資料や通訳がなかなか確保できない言語の子ども家庭への支援です。ここでは、ペルシャ語が挙げられていました。ペルシャ語は、イラン、アフガニスタン、タジキスタンの公用語で、文字はアラビア語を使用しますが、アラビア語とは別の言語です。アラビア語は、エジプト・イラク・イスラエル・モロッコ・サウジアラビア・アラブ首長国連邦などで公用語となっており、ペルシャ語は約4000万人強、そしてアラビア語は2億人以上が使用人口となっています。

　少数言語の場合、通訳や翻訳の確保の壁だけではなく、通訳の雇用や

翻訳アプリの使いやすさなど、様々な要因もあるようです。

M氏：母子保健課では、妻が夫と一緒に窓口にきていても、夫も日本語が片言程度のこともあります。英語ができれば、英語の妊娠届出書でできますが、最近増えたアフガニスタン出身の住民の場合、母国語であるペルシャ語での届出用紙や通訳アプリなどがないため、それが支援の躓きになっています。

S氏：通訳を直接雇用した場合の問題点もあって、直接雇用する場合、事業者への委託と違って、休暇制度など、労働者としての待遇や規定の問題も出てくるので、学校がイメージしやすい活用がしづらいケースも考えられますね。

H氏：翻訳機や翻訳アプリでは、日本語で話した言葉がペルシャ語の文字で出るそうです。保護者の方であればペルシャ語を読むことができるので翻訳機は効果的かもしれません。でも、子どもだとペルシャ語の文字を読めないこともあるので、指導の中で翻訳機を使うのは現実的ではありません。市ではペルシャ語の講師の需要が多いので、午前中だけで2校掛け持ちということもあります。学校間で情報共有し、声をかけあって講師の先生を探しています。講師を探す際、佐倉市の国際交流基金という団体に協力していただくこともあります。

O氏：最近知ったのですが、ペルシャ語通訳を依頼しても、出身国が違うと訛りが強くて会話が半分もわからない、という場合もあります。

⑵　支援者の負担を減らせることにもつながるような体系づくり

　2点目は、自治体として、保育所や幼稚園、学校で直接支援や教育に

携わる保育士や教員の負担への懸念、そして実際に負担を減らす仕組み
に至っていない事への歯がゆさです。

M氏：外国人の家族が来た時になってどうしようと、いつも慌てている
　　　ような形にはなってしまいます。妊娠届出についてはある程度、
　　　システムはできているのですけど。じゃあ、離乳食の指導の時に
　　　はどうしたら良いのかとか、発達が気になるお子さんについては
　　　どうしたら良いのかとか、その辺が確立されていないので、これ
　　　から作っていきたいと思っています。

S氏：外国人が集住している場合、特定の幼稚園に利用が集中すること
　　　もあるため、それで対応に苦慮する特定の施設が出てきてしまい
　　　ます。小規模な施設の場合、8人のうち4人が外国人の子ども
　　　で、国籍はすべて違うケースもあり、そうなると現場での支援は
　　　かなりハードです。外国人の集住居住区に近い施設であればある
　　　ほど大変、というのが実情です。施設から「間に入ってほしい」
　　　という相談の時などは一緒に対応していますが、市としても、十
　　　分な財政支援に至っていないなかで、現場での努力に依存せざる
　　　を得ない状況なのが、苦しいところです。
　　　幼児教育の無償化の実務、そしてコロナ禍の対応で人員増も追い
　　　つかず、小規模、地方都市の自治体ほど苦労しているのではない
　　　でしょうか。1人のための補助請求が結構な手間がかかる状況も
　　　あり、なかなか事業に手をあげるのも難しいです。

H氏：「学校生活に慣れるまでの支援が大変」という声が小学校から多
　　　く挙がっています。突然転校してきた時も大変です。市役所の窓
　　　口には、日本語を話せる方がついてきてくださったりしますが、
　　　学校の日々の生活にその方に来ていただくわけにはいかないの
　　　で、学校は派遣されている講師の先生にお願いしつつ、日々試行

錯誤しながら指導や支援を行っています。外国籍の子どもたちが楽しく学校生活を送ることができるように、ゆっくりと時間をかけて支援してあげたいと思う反面、先生方には他にもたくさんの仕事があるので、思ったようにやってあげられない、というもどかしさがあります。現在、講師の派遣は週1回ほどで、十分とはいえません。もっと派遣を増やしたいところですが、財源と人の確保が難しい状況です。国の補助金等を申請するという方法もあります。ただ、申請には様々な要件があり、実現するのは難しい状況です。

⑶　「川下に降りてくる前」での初歩的な理解のサポート

　3点目は「そもそも、●●というのはこうなんですよ」という事を自治体窓口や各施設に来る前に誰かから教えてもらう、というステップがあれば、という声です。

S氏：本当に思っているのは、そもそも日本の各制度、いろんな制度があるので、本当は大きな母体があって、そこに相談すると、日本の保育もそうだし、学校もそうだし、保険の制度もそうですけど、基本的なことを相談して教えてあげられるような団体みたいなのがあって欲しいなとは思っています。ゼロから教えるのはなかなか厳しいので。「学校はこういうところなんだよ」も、そうですし「こういうところはお金かかるけど、これはお金かからないですよ、など。」外国人も、中には詳しい人がいるのですよね。だけどその人たちがコミュニティとして成立していないので、「こういうのがあるから、そこに相談すると良いよ」って言ってあげられる場所があると良いなとは思っています。今は、個別に実践している小さい組織が個別に動いているだけなので、制度を知らないのもそうですし、情報の波に乗り遅れてしまうのですよね。外国では、そこに暮らしている日本人会とか作ってやってい

るケースもありますよね。「分からないことはそこでみんなが共有して」といったものができないかな、とは思います。それを各自治体の窓口の職員たちがどうにかしよう、というのも難しいですが、そういうのがあると良いなとは思います。多分国が支援すればできるのでしょうけど。

O氏：受験の制度の問題でも、「日本語が喋れなくてもテストが日本人の子と平等に受けられるようにもっとしてくれないか」とか「特別枠でもっと受けられるようにならないか」とか、そういう悩みは多くあるようです。入試制度を理解するっていうのは難しいらしく、「近くにあるから○○高校に行ける」と思っていたという例もあります。もっと根本的なところ、たとえば、信号の渡り方やごみの出し方からでも読み方からでも良いので、日本に来て間もない人に対して教えられる人がいると良いのですけれど。一部の自治体はそういうしくみを作っていますが、全体としては国も自治体もまだ必要性を認識するに至っていないようにも思います。

　実際、コミュニティでの親同士の支え合いはあるのでしょうか。仮に外国人のご家族の方との雑談などで「あなた方もそういう情報共有できる場があったら多分楽になると思うのだけど、○さん、作ってみたら？」と言ったら、どうなるのでしょうか。

O氏：ごく少数の知り合いや友達の間ではやっていると思うのです。買い物に何人かで行っている姿は見かけますので。それを組織立ってやろうということまでは聞いたことがありません。文化的な問題なのか、その他の問題なのかわかりませんが。

H氏：教育分野でも、相談したらすぐに動いてくれるような、外国人の

ご家族が気軽に相談できる組織があったら、と思っています。ただ、そのような組織や情報共有の場を作るのは、現状では厳しいのではないかと感じています。

まとめ

・・・

　人口の多い大都市部エリアに1時間程度でアクセスできて、人口が15万〜20万、そして外国人の人口が国全体の平均値に近い、けれども自治体としては支援の必要性は認識されつつも、本格的な支援体制というにはまだ財源や人材、システム構築ではまだ模索中という自治体が、ほとんどではないでしょうか。佐倉市の事例は、そうした実情と職員の方々の取り組む努力、試行錯誤がとても良く表れている事例ともいえるでしょう。

　最後でも触れているように、「そもそもの話」や日本語の通訳の手配等をすべて自治体で行うのは、広く全体を統括する立場でもある部署にしてみれば難しく、また自治体ゆえの書類や規定による縛りも壁になることがわかります。地域の資源をいかに掘り起こしていくかということが大きな鍵になりそうです。

引用・参考文献
佐倉市HP　http://www.city.sakura.lg.jp/

第8章
地域での協働体制をどうつくるか
大阪・ミナミの＜場＞の力

　本章では、大阪・ミナミ地域において、2013年9月から活動する団体、「Minamiこども教室」を取り巻く、地域での協働体制の作られ方の過程と現状について記述していきます。Minamiこども教室は、外国につながる子どもたちのための教育支援と、外国人家族への生活支援を行ってきました。ここでは大阪・ミナミに暮らす外国人家庭への支援活動における「＜場＞の力」に注目します。社会学者、三井さよ（2012）は、＜場＞を「ある特定の空間における、さまざまな人やモノが織りなす関係性」と定義づけています（25頁）。物理的な場所だけでなく、ケアしたり、ケアされたりする人たちの関係性が重要視されます。

1 ＜場＞の始まりのストーリー

　ある悲劇が、Minamiこども教室の活動が始まるきっかけとなりました。2012年4月に大阪ミナミで起きた無理心中事件で、当時小学1年生だった子どもが命を落としました。事件を起こした母親はシングルマザーのフィリピン人でした。当時の小学校長であり、Minamiこども教室の発足当初からの実行委員である山﨑一人は、事件の前の母親の様子を鮮明に覚えていると言います。母親は、息子の入学式に参列し、タブレットで一生懸命息子の動画を撮っていました。また、入学時の購入品が多く、何が必要か、わからなかったため、校長に必死に質問をしていたそうです。子どものために頑張っていた人が、なぜこのような事件を起こしてしまったのでしょうか。母親は、夫から家庭内暴力の被害を受け、子どもたちを抱えて大阪に引っ越してきたばかりだったそうです。この事件には、外国人シングルマザーの「孤独」と「不安」が如実に表

れています。事件を起こした母親には、そして命を落とした子どもにも、頼れる人や相談できる場がなかったのです。

　大阪市は政令指定都市の中で最も外国人人口比率が高く、在日コリアンだけでなく、アジア系ニューカマーの人口が増えている地域です。また、移住者に帯同して入国した子どもや、日本で生まれた移住者の子どもも近年増加傾向にあります。戦後の地道な在日コリアンの反差別運動のおかげで、大阪の多文化共生に関する先進的な取り組みには定評がありました。それゆえ、この事件は、外国人の教育や福祉、反差別運動に関わる人々へ大きな衝撃を与えました。

　先の事件が起きたのは、ちょうどNPO法人「関西国際交流団体協議会」が、行政の提案型委託事業として「外国人母子支援ネットワーク事業」を始めたタイミングでした。この外国人母子支援ネットワーク事業には、上記の南小元学校長の山崎一人や、後にMinamiこども教室の実行委員長となる金光敏、そのほか初期のMinamiこども教室の運営の主力を担う人々や関係団体が参加していました。事業の中で話し合いが重ねられ、会議のメンバーが少しずつ力と知恵を出し合いました。

　この会議の中で共有されたのは、この無理心中事件が特異なケースではないということでした。外国人の親は昼夜問わず働いても暮らしに余裕がありません。夜間に親が働いているため、子どもたちは一人で家にいることが寂しくて、深夜徘徊することも少なくありません。あるいは親が帰ってくるまで眠りにつくことができず、深夜まで起きていて学校

に遅刻しがちになります。また、きょうだいの面倒を見るために学校を休んでしまいます。賑やかな大人たちの歓楽街の路地裏で暮らす子どもたちは居場所がなく、貧困の中に生きています。

　問題意識が共有された結果、問題解決のための具体的なアクションを起こしていこうと、2013年7月に「Minamiこども教室実行委員会」が発足し、7月には初期ボランティア募集が始まり、8月にはボランティア研修会が開催されました。同時に南小学校では、校長が外国につながる子どもたちに「こんな教室始まるけど行けへんか？」と声をかけ、2013年9月に第1回の教室が開かれることとなりました。初回の教室では、小学3年生から6年生までの10人の子どもたちが参加しました。

　このように、悲劇をきっかけに集まった人々が、「もう二度と同じような事件を起こさせてはならない」という想いを共有しながらMinamiこども教室は始まったのです。

2　移民家族の厳しい現実

(1)　不安定な雇用で働く外国人

　2021年3月現在、中央区の外国人比率は8.22％（8.7千人）であり、大阪市内でも外国人集住地域であるといえます。統計的に見る現在の中央区の外国人住民の最大の特徴は、男女比が1.3倍と女性が多いことです。人口性比は女性100人につき男性は77.0人と大阪市内で最も女性比率が高くなっています。特に30代後半以降の女性の人口比の高さが顕著であり、例えば50代前半の人口性比は女性100人につき男性42.6人と、男性の倍以上の女性が暮らしています。

　中央区の外国人登録者の特徴は、フィリピン人とタイ人の人口が市内で一番多いことと、男女比では女性の割合が多いことです。生野区のように在日コリアンの高齢化にともない、外国人女性の比率が高くなっているのではなく、働き盛りの30～40代の移住女性が比較的多いのも特

徴です。

　なお、大阪市でも中央区でも成人男女の数の割に外国籍の子どもの数は極端に少ないです。これは多くの在留資格で家族帯同が認められていないことや外国人が日本で子を産み育てる環境が整備されていないことと、日本人との間に生まれた子は日本国籍を保持していることなどが理由だと考えられます。日本国籍の外国につながる子どもたちが多くいるので統計よりも、もっと多文化・多言語な街になっています。

　Minamiこども教室とつながっている子どもたちの母親たちを見ていると、いわゆる「エンターテイナー」として1980～2000年代に来日した女性が継続して働いているケースもありますが、離婚などをきっかけに、同朋のつてをたどって駆け込み寺のように、この地域に引っ越してきたケースも多く見られます。それは、生活を立て直したいと望む女性たちの働き口がこの街にはあったからです。教育資本や何らかの資格、日本語の読み書きの力がなくても、ミナミのパブやクラブでは働くことができました。ホステス以外にも、エスニックレストランの経営や、飲食店への食事配達、店内清掃、皿洗いなど付随する仕事に従事していた人もいます。また、夜間の接客業と、昼間のホテルの清掃業や介護関連業とのダブルワークで収入を補う女性もいました。彼女たちは、決して余裕があるわけではありませんが、家賃を払い、子どもの教育費を工面し、母国の家族に少し仕送りができるくらいの稼ぎがありました。

　しかし、コロナ禍のような危機の中では、不安定雇用で働く外国人にしわ寄せがきています。多くの世帯で、生活が一変してしまったことは明らかでした。2020年８月にMinamiこども教室が実施した「困りごと相談会」では「３ヶ月以上店を閉めて収入がないが、家賃を払わなければならない」という自営業者や「ずっと仕事に行っておらず、生活が大変」「仕事はインバウンド関係なので３月から全く仕事がなく、収入もない」など、切羽詰まった声が聞かれました。また「自分も仕事がないし、息子も仕事がない」「夫も休職している」など、本人だけでなく家計全体が減収になっていた相談者や、すでに生活費が底をつき、「残り

数千円しかない」という相談者もいました。感染第三波後の2021年2月に行ったアンケートでは、回答数109件のうち、33.9％が「コロナのため失職中」で、12.8％が「コロナのため減収」と答えています。また「収入が出費に追いつかない」「生活に困っている」「仕事がストップしてしまったのでお金がないことが一番の問題」との声がきかれました。感染拡大による予防措置が何度も繰り返され、もともと経済的にギリギリの生活をしていた外国人家庭の家計が、これまでにないほど逼迫しています。

　このような経済的逼迫問題の背景には、複合差別があります。彼女たちに同行してさまざまな場所を訪ねると、女性であり移民でもあり、非正規労働者である彼女たちに対するマイクロアグレッションが、いかに日常的であるかがわかってきます。外国人をそもそも正規で雇わない、日本人は昇給していくのに外国人は最低賃金のまま何年も働かされている、制度がわからないだろうからと年金や保険加入について説明しない、暴行被害にあってもホステスだから仕方ない……このようにコロナ禍以前からも日常的に差別を受けてきました。それでも彼女たちは、たくましくこの街で生きてきました。

　そしてこの経済的な不利益は、子どもたちが負うことにもなるのです。たとえ公立学校に通い、高校無償化の対象であったとしても、親の経済状況は子どもたちの教育に大きく影響を及ぼします。すでに、コロナ禍で不況に立たされている親を見て、子どもたちは進学を諦めたり、家計を助けるためにアルバイトに必死になったりしています。

　リーマンショックの際の南米日系人の子どもたちの経験が思い出されます。リーマンショックの後、製造業で派遣労働をしていた親が解雇されたり、雇い止めにあったりしました。子どもたちも帰国を余儀なくされ、家族離散を経験したりしました。結果、学業が継続できなかった子どもが多くうまれてしまいました。あれから10年、今度は当時の子どもたちが不安定就労をしている現状があります。コロナ禍でも同様に、外国につながる子どもたちが直接、経済的な不利益を被る可能性が高いの

です。

(2)　子どもたちの教育的課題

　Minamiこども教室に来る子どもたちは、成育歴や移動歴、文化的言語的背景が多様です。子どもたちはどのような教育的課題に直面するのでしょうか。①日本語、継承語を含む言語、②アイデンティティ、③学校適応、④不就学・不登校、⑤高校進学・大学進学率の低さなどが指摘されます。

　例えば、Minamiこども教室の発足当時、小学5年生だった山本麻美（仮名）は、タイ人の母と日本人の父をもち、タイで生まれ、小学校に入学するまでタイと日本を「いったりきたり」して育ちました。二国間を往来する中で、両方の幼稚園に通いましたが、タイの幼稚園のほうが楽しく「日本の幼稚園はあんまり行きたくなかった」といいます。小学校入学を機にタイに帰る頻度は減り、本格的に大阪で暮らすようになりましたが、低学年のうちは日本語の壁があり学校生活を楽しめませんでした。学校で流行っていた伝言ゲームでは、前の人が耳元で言った日本語が理解できず、後ろの人に文字通り「こしょこしょこしょ」と言ったそうです。もちろんチームは自分のせいで負けてしまいました。その頃から「正しい日本語」が使えるようになるまで、日本語を友達の前で話したくはなくなったといいます。幼いながらに「完璧でなければ日本語を話してはいけない」という強迫観念に駆られていました。

　外国につながる子どもたちが自己肯定感を育めないことは、社会問題だと考えます。日本はすでに民族的に多様な人々が暮らしている多民族・多言語・多文化社会ですが、いまだに「単一民族神話」が根強いのです。日本には「日本人」しか住んでいないというマジョリティ社会の誤解に基づく教育を受けさせることは、外国につながる子どもたちに同化を強いることになります。その結果、子どもたちは自らのアイデンティティを否定し、学校への適応が困難になり、将来を悲観することにつながってしまいます。この課題は長らく在日コリアンが経験してきた

ことと何ら変わりがありません。在日コリアンに対する差別と偏見の問題が解決しないまま、1980年代から「ニューカマー」の子どもたちが増加し、問題が再生産されているのです。

　Minamiこども教室の初期メンバーであった麻美は、小学校を卒業し、地元の公立中学校に進学しました。子どもたちに他の社会資源があるわけではありませんでした。特に高校受験に関しては、外国につながる子どもたちは、日本人の子どもと比較して圧倒的に情報が少なくなるため、Minamiこども教室も彼女たちの高校受験対策を行うことになりました。教員経験者らが中心となり、通常活動の火曜日以外に受験勉強のための日数を増やし、受験勉強を見守りました。それでも麻美は第一志望だった公立高校に合格することができず、私立高校に入学することになりました。麻美が入学した私立高校は、いわゆる「マンモス校」で、外国につながる子どもたちへの支援や配慮はほとんどなかったのです。小学校・中学校と外国につながる子どもたちの多い学校に通っていたため、高校では「ルーツがあることがなかったことにされる」という経験を初めてしたのだそうです。

　さらに、麻美が高校3年生の時にコロナ禍に突入しました。2020年2月に文部科学省が要請した休校措置によって、日本の学校に通うすべての子どもたちが教育の断絶を経験しました。1年間の学習内容が終了せずに年度が終わり、新年度開始も自治体によってバラバラでした。ただし、経済的に余裕のある家庭では、塾に通わせたり、オンライン学習にスムーズに移行したりと、すぐに休校措置による不利益を補いました。しかし、外国につながる子どもたちの多くは、パンデミックの混乱の中では取り残される存在になってしまいます。学校からポスティングされる「お知らせ」の内容が理解できなかったり、オンライン学習のための設備や環境がなかったりしました。

　特に、休校中の家庭学習における習熟度の差は、受験生がひしひしと感じた点です。頑張り屋さんの麻美は、Minamiこども教室のオンライン勉強会にも休まず参加し、こども教室のスタッフと一緒に受験先や奨

学金などの情報を収集しました。推薦入試のための面接もオンラインでしたが、学校は「特別扱いできない」といって機材や学内の部屋を貸してくれなかったため、Minamiこども教室のパソコンとヘッドセットなどを貸し出して、教室の事務所で面接を行いました。結果、無事に第一志望校に入学することができました。

　麻美は、たまたま勉強が好きで、夢に向かって諦めない強い意志をもった子どもでしたが、それでも何度も困難に遭遇しています。中には、度重なる移動により、学習言語を習得できないまま進学を諦めてしまう子もいます。あるいは、親の経済状況を鑑みて、小さい頃から自分の到達点を低く決めてしまっている子もいます。

(3)　ヤングケアラー

　親が大変だから、と子どもが家事やきょうだいの育児という家庭内役割を担う「ヤングケアラー」になっている例も見られます（原2021）。

　例えば、斎藤星良（仮名）は日本生まれ育ちの中学生です。日本人の実父とフィリピン人の母親は離婚し、現在は母親のフィリピン人パートナーときょうだいと暮らしています。長女である星良は、家事全般をこなす「もう一人の母親」になっています。母親はミナミの歓楽街でクラブを経営し、母のパートナーもレストラン経営をしていたため、夜は多忙でした。親が出勤した後、弟たちの面倒を見て、寝かしつけるのが星良の日課になっていました。弟が乳幼児の頃は、夜泣きのたびにミルクをあげ、おむつを替え、当たり前のように毎日寝不足でした。さらに、自分のきょうだいだけでなく、母のクラブで働く女性たちの子どもの面倒を見ることもありました。女性たちの子どもも誰かが世話しなければ、母親たちは夜働くことができず、結果として母の店の売り上げは下がるからです。母たちは朝方に帰宅するので、そのまま一緒に眠ってしまい、朝起きることができずに小学生の頃から遅刻が多くありました。

　また、星良が小学校の高学年の時に生まれた末弟は、疾患を持って生まれてきたため、出生後も通院が必要でした。筆者が通訳として同行し

た際、平日の午前中にも関わらず、母親とともに星良も病院に来ていました。なぜ学校を休んだか尋ねると「朝熱があったから」と言いました。おそらく仮病であり、それは学校に行きたくないからではなく、弟が心配だったことと、日本語が完璧ではない母の付き添いをしてあげなければいけないという星良の責任感だったのだと推測されます。

　2020年コロナ禍のため、母の店は時短要請を受けてほぼ営業中止状態になりました。それまで経営者として複数のスタッフを雇用していましたが、その経済的余裕はなくなりました。さらに母のパートナーのレストランは廃業してしまいました。母の店をなんとか維持するために、店の清掃などの手伝いを星良と弟たちが引き受けることになったのです。そのため星良は受験生でしたが、Minamiこども教室にもほとんど来ることができませんでした。学校帰りに友達と教室に来ても、母親から電話がかかってきて一人先に帰ることもありました。絵を描いたり、友達と話したりすることが大好きな星良が「先に帰ります」と笑顔で手を振る姿には、支援者も胸を締め付けられていました。幸いにも、本人が希望する高校を受験することができ、きょうだいの面倒を見ながらではありますが、高校生として通学することができています。入学手続きの際には母親とともに教室に来て、書類への記入を教室スタッフとともに行い、入学手続き書類を完成させていきました。

　ヤングケアラーの研究の第一人者である澁谷智子（2012）は、子どもたちは「ケアしない権利」と「ケアする権利」をもっていると言います。逃げ場のない子どもの「ケアしない権利」は、大人の「ケアしない権利」以上に守られにくいです。一方で、ヤングケアラー自身が「ケアする権利」を行使することもあります。星良の例で顕著なように、彼女が弟たちをケアするおかげで家族生活が繋ぎ留められています。もし子どもの「ケアする権利」を大人の側が奪おうとすると、星良の家は、崩壊してしまい、家族離散する可能性があります。星良はそれを望まないからこそ、彼女は学校を休んででも宿題ができなくても、幼い弟たちの面倒を見ているのです。

「それは日本人も同じだ」と思われるかもしれませんが、外国人の親の就労は在留資格に直結しているという点において、状況は全く違います。例えば、親が飲食店で働くために来日した「技能ビザ」保持者で、失職した場合、その親に経済的に依存する「家族滞在」の子どもの在留資格が更新されない可能性があるのです。また、「定住者」の在留資格を持つ者でも、収入によって在留期間が変わってきます。例えば、外国人のひとり親で低収入の場合、毎年在留資格を更新し、その都度収入を審査されたりします。つまり、親の仕事がなくなれば日本にいられなくなるという不安を常に抱えているのです。

3 ＜場＞の力を育む工夫

(1)　物理的な空間配置

　Minamiこども教室は、当初、活動場所として南小学校を使っていましたが、「学校の延長にならないように」と地域の施設で行うことになりました。南小学校は、中央区東心斎橋にありますが、子どもたちの多くが暮らしているのは島之内2丁目であるため、子どもたちが数分で通える場所を探すことになりました。そして、大阪市が所有し大阪市社会福祉協議会が指定管理を受けて運営している「中央区子ども・子育てプラザ」を使用できることになりました。

　発足当初は小学生のみを対象としていましたが、翌年以降、中学生や高校生も通うようになっていきました。小学生だった子どもが進学しても引き続き教室を居場所だと感じていたことや、中高生の学習ニーズが増してきたことが背景にあります。対象の拡大に伴い徐々に子どもたちの人数が増え、子ども・子育てプラザだけでは手狭になっていきました。そのため、これまでの地域の行事への参加などを通して繋がりのあった道仁連合町会に依頼し、2019年から毎週火曜日の通常活動で、連合町会が所有する「道仁連合会館」を使用させてもらえることになりま

した。両施設の運営者が、こども教室の活動意義に賛同してくれているため、無償で借りることができています。

　コロナ禍に、＜場＞の力を感じるような出来事がありました。2020年2月末からの一斉休校要請、さらに4月からの緊急事態宣言の発出に伴い、これまでのように子ども・子育てプラザや道仁連合会館で通常活動をすることができなくなりました。そのため、中高生には4月から、小学生には5月からオンライン勉強会を開始し、子どもたちの学習を支える取り組みを継続していました。当初、すべての子どもとボランティアがそれぞれの家からオンラインで繋げて参加する予定でした。ただ、中には、家にWi-Fiがなかったり、きょうだいそれぞれにタブレットやスマホがなかったりして、うまく学習環境が整わない家庭もありました。こうした子どもたちには、特別に道仁連合会館に来るように伝えました。オンライン勉強会が始まると、子どもたちはいち早く、道仁連合会館にいる友達を見つけ、「え！行ってもいいん？！」「次は私も行く！」と言い出しました。「家にWi-Fiがある人は家から勉強します」「密になるからダメです」と大人が言っても、毎週少しずつ道仁連合会館に集合する子どもたちの人数が増えていきました。道仁連合会館で楽しそうに過ごす子どもたちを見て、家から繋げていた子どもたちが「みんなに会いたい！」「みんなと勉強したい！」と思ったのです。

　2020年6月から活動時間、場所に制限はあるものの通常活動が再開しましたが、子どもたちはコロナ禍以前に比べて、自分たちから進んで＜場＞に集まっているように感じます。Minamiこども教室のスタッフ側から、子どもたちに積極的に呼びかけることができない状況ではあります。しかし、子どもの参加率が急激に下がることもなく、毎週子どもたちは集まってきて、ボランティアに甘えながら、楽しく勉強をしています。

　また、Minamiこども教室では、課外学習にも力を入れています。普段の夜間学習だけでは体験できないものとして、料理教室や遠足などを行ってきました。料理教室は食育の一環として、毎年長期休暇前に小学

校の家庭科室を拝借し、行っていました。長期休暇になると給食がなくなるため、自分たちでご飯の準備をしなければならない子どもたちが少しでも困らないように、と始めたものです。お米を研ぐところから丁寧にみんなで挑戦していきます。遠足は毎年3月に進学のお祝いを兼ねて、子どもたちが羽を伸ばして思いっきり遊べる計画を毎年立てています。コロナ禍の2019年度の遠足は中止となりましたが、2020年度は小康状態となった3月に小中一貫校のグラウンドをお借りし、小運動会を企画しました。どの子どもも一生懸命に走り、競技に夢中でした。いつもの活動とは違う場所での課外活動では子どもとボランティアの信頼関係が深まり、今まで見えなかった子どもたちの新たな一面に気づかされることもあります。

(2)　構成メンバー

　先に述べた無理心中事件から9年の月日が流れました。その後、年々子どもの登録数は増え、2021年9月現在、小学生42人、中学生41人、高校生23人、卒業生10人、合計116人の子どもたちとつながっています。6割がフィリピンにルーツがあり、2割が中国ルーツ、その他2割がタイやルーマニア、韓国などです。

　大学生や会社員、元教員など、多様なボランティアと出会えることも教室の特徴だといえます。交通の便が良いので会社や大学の帰りなどに参加できることと、メディアへの発信に力を入れていることから、ボランティアには恵まれています。2021年3月現在、教室の運営コーディネータ12人、ボランティアは56人の登録があります。大切にしているのは子どもとボランティアの大人との一対一の関係性づくりです。対話型学習によって日本語の語彙力、対話力を身につけると同時に、外国にルーツがあることを全面的に肯定し、自尊心を養ってもらいたいと考えています。学習に前向きでない子どもとはとことん話を聞いたり、お絵かきに付き合ったり、時にはかくれんぼや鬼ごっこをしながら関係を構築しています。こども教室では、特定のボランティアと子どものペアで

支援をするのではなく、できるだけ毎週違うボランティアと子どもがペアとなるように心がけています。これは、ボランティアが流動的だということもありますが、多くの大人に見守られている、と子どもが感じ、より安心できる場を築いていくためです。

　発足初期以来、Minamiこども教室は、実行委員会形式で運営されています。初期の実行委員会は、（公財）大阪府国際交流協会、（特活）コリアNGOセンター、（特活）多文化共生センター大阪、（特活）関西国際交流団体協議会、国立大学法人大阪大学未来共生リーディングプログラム、そして大阪市立南小学校で構成されていました。その後、実行委員会の構成団体・構成員は変化してきましたが、他団体との連携の中で子どもたちの支援事業を行っています。2021年現在、団体として実行委員会に加盟しているのは、（特活）コリアNGOセンターと大阪市立南小学校のみになり、その他は教員や団体職員、大学院生、弁護士などの個人が運営に携わっています。現在、実行委員は21名います。

　三井さよ（2012）がいうように、「＜場＞は固定的なものではない。人は入れ替わるし、同じ人であっても状況や状態の変化によって変わりうる。構成する主体が変化するのであれば、個別の＜場＞も本来はつねに変化する。それでも『あそこに行けば誰かがいる』といったある程度の一貫性や同一性が存在する」（26頁）ことが重要なのです。

4　＜場＞を支える連帯の力

　移住者が抱える複雑な課題の解決のためには、複数のアクターが関わりながら解決していく必要があります。現在のMinamiこども教室は、こうしたアクターをつなぐ「仲介エージェンシー」としての機能をもち始めています。教育学者の伊藤亜希子（2017）は、多様な人や組織の間を仲介する「仲介エージェンシー」（123頁）としてドイツの地域移民支援機関を位置付けました。それと類似する機能がMinamiこども教室の活動に備わりつつあります（原2020：100－102頁）。

(1)　学校

　Minamiこども教室が注目される理由の一つは、公立小学校との深い関係です。上記のように、山﨑元校長のもと、南小学校との連携ありきでスタートした団体であり、2021年現在まで、南小学校は「実行委員会」のメンバーとして名を連ねています。

　特に子どもたちに関して、綿密に情報共有していることが特徴です。具体的には、毎年夏休み前の保護者懇談会の際に、Minamiこども教室の実行委員が学校で子どもたちの保護者と懇談をしています。例えば、2021年7月に南小学校で行われた懇談会では、Minamiこども教室の実行委員が18名の保護者と対面で話し、保護者には教室での子どもの様子を伝え、保護者から教室への要望を聞きました。学校の施設内で懇談会の場を設けることによって、保護者は安心して子どもをMinamiこども教室に通わせることができます。また、担任の先生との懇談では、子どもの学習に関することが主題となりますが、Minamiこども教室では、保護者の生活の困りごとについて相談されることもあります。例えば、児童扶養手当や在留資格に関しての相談などを受けます。学校での懇談会は、困った時には学校よりもハードルの低い相談相手として、外国人の保護者が教室を認識してくれるきっかけになっています。

　また、毎年、南小学校内の日本語教室担当の教員とMinamiこども教室の実行委員が情報交換会を行っています。日本語教室担当者にボランティア研修会の講師として、子ども一人ひとりの日本語能力に合わせた話をしていただいたこともあります。南小学校は、日本語指導が必要な児童が非常に多いので、全員に満足のいくレベルまで指導ができていないことを懸念されており、Minamiこども教室で少しでも補えるようにと宿題の共有や、教材の提供などをしています。Minamiこども教室は、週に1回2時間の補充学習しかできませんが、子どもたちが小学校でどのような指導を受け、どのように日々勉強しているのかを知ることで、サポートの方法に工夫を凝らすことができます。

　現在、学校での実行委員会のメンバーとなっているのは南小学校だけですが、中央小学校や南中学校、公立高校との連携活動も行うようになってきています。各学校の教員がMinamiこども教室へ見学に訪れ、子どもたちの様子を実際に見に来てくれることもあります。特に南小学校の卒業生のほとんどが進学する南中学校とは、定期的に情報交換会を行っており、南中学校の教員がボランティアとして教室活動に参加してくれることもあります。

(2)　タウンミーティングの開催

　2019年には「Minamiこども教室タウンミーティング」を開催し、他団体との連携の中で子どもたちをサポートしていくことを確認しました。教室内の課題や個々の家庭が抱える問題には一つ一つ向き合い、寄り添ってきました。しかし、日々の教室運営には限界があり、当初よりも地域連携の重要性と必要性を感じていました。Minamiこども教室にとって初の試みとなるタウンミーティングは、関係機関、関係者とともに、この地域の社会資源に関する情報や課題を棚卸しし、今後の活動の糧にしたいという主旨で企画されました。また、新たな交流が生まれることによって情報発信やネットワーク強化の機会にもなることが期待されました。

　Minamiこども教室に関わる幅広い層の方が参加されました。参加人数は実行委員含め合計49名でした。参加者内訳は、Minamiこども教室の実行委員13名、教室のボランティア２名、公立小中学校教員５名、府立高校教員６名、大阪弁護士会より８名、地域の連携団体より７名、教育委員会より２名、社会福祉協議会より１名、メディア関係者４名、その他１名でした。

　前半はMinamiこども教室の初期の映像を上映し、実行委員からMinamiこども教室の報告を行いました。後半は５グループに分かれ、参加者全員でグループワークを行いました。各グループ８名程とし、異業種が交流できるようにグループを分けました。グループワークは自己

紹介から盛り上がりました。そして、参加者には、Minamiこども教室の「成果」「課題」「提案」をテーマに話し合ってもらいました。付箋と模造紙を用い、時間が足りなくなるほど活発な議論を交わしました。グループ発表では、今後の教室運営に向けて視座に富む発表がなされました。

　このタウンミーティングのあと、大阪弁護士会、道仁連合町会、2017年に島之内にできた子ども食堂「しま☆ルーム」などと連携をより深くしながら、子ども支援事業を行うことができています。

(3)　自治体の相談事業の受託

　Minamiこども教室は、大阪市中央区市民協働課より、2020年度には「多文化共生の保護者の困りごと相談事業」を、2021年度は「外国にルーツのある子どもの保護者サポート事業」を受託しています。奇しくもコロナ禍のタイミングで本格的に相談事業を開始することになりました。

　相談方法として、まず毎週火曜日の教室活動時間中（17:00 〜 20:00）に、保護者が相談できる窓口を設置しました。同時に、相談事業用のSNSアカウントも開設しました。次に、緊急事態宣言が解除されてすぐの2020年5月末に「手続き相談会」を、8月末には「困りごと相談会」

2019年　タウンミーティングでのグループワークの様子

を実施しました。

　その結果、2020年度は1年間で延べ432件の相談が寄せられました。相談者の国籍別にはフィリピンが40%、韓国・朝鮮が23%、中国が6%、タイ、ルーマニア、日本がそれぞれ1〜2%でした。なお、事業開始当初、相談者の国籍のデータをとっていなかったため、27%は不明です。

　子育て世代の女性からの相談が多くありました。特にひとり親家庭で他に頼るところがない方が来所されました。Minamiこども教室が活動を始めた2013年当初は、南小学校と南中学校の子どもが大半を占めていましたが、2020年度の相談事業での広報活動の効果もあり、中央小学校や上町中学校等に通う子どもの相談も増加しています。その背景に、学校が異なっていたり、未就学児の親であったりしても、フィリピン人同士のネットワークがあるため、口コミで相談事業が広がっていると感じています。Minamiこども教室に通う子どもの保護者が、友達を誘って一緒に相談のために来所することも珍しくなくなりました。

　また、2020年度の「困りごと相談会」の波及効果で、本事業の意義が地域在住外国人に広く伝わっています。「困ったことがあれば道仁連合会館／子ども・子育てプラザに行こう」という安心感を与えられているように思います。

　本事業は、「ワンストップセンター」のような役割を担っています。大阪市中央区の場合、外国人家庭が多いこともあり、役所の職員たちも外国人の対応に慣れており、窓口ではとても親切に対応してくれます。ただ、役所まで足を運ぶことができず、一人で抱え込み、放置されている生活の困りごとはまだまだたくさんあります。役所は敷居が高いと感じ、役所に行くことを躊躇しているケースや、役所に行ったけれど十分に理解できなかったケースが少なくありません。本事業が担っている「地域での支え合い」が充実することによって、外国人住民の困りごとが解消されていくと考えています。

5　今後の課題

　コロナ禍で顕在化した問題への向き合い方として、地域の教室から見えてきたことがあります。まず、危機的状況下の迅速な支援の土台には、平時の関係性があったことです。子どもも大人も相談できる相手として教室のスタッフにSOSを出してくれました。また、他の関係機関とのネットワークがとても重要だということも再確認しました。外国人住民から相談を丁寧に聴き取ると、問題の複雑性が見えてきます。学校や行政、NPO、専門家と連携し、解決の糸口を探ることが大切です。まだコロナ禍は収束しそうにありません。このような時だからこそ、子どもたちの選択肢が拡がるような取り組みを持続させていかなければなりません。しかし、「たまたまMinamiこども教室と繋がっていたから」という偶発的な問題解決方法でとどめていてはいけません。SOSを必ず受け止められるセーフティネットを地域全体で担っていく必要があります。

　ただし、社会福祉学者の岩田正美（2016）が指摘しているように「過度な私生活への介入や、地域における『ケース会議』などによる個人情報の一方的共有など」（415頁）の危険性には、自覚的でなければなりません。支援のネットワークが拡充すればするほど、情報の管理が難しくなっていきます。

　今後力を入れていくべきは、外国人の親の自立支援です。相談事業で見えてきた様々な問題を一緒に解決していきながら、家族一人ひとりが健やかに暮らせるような策を考えていきたいと思っています。行政の観点からですと、行政手続きを簡単に説明できる「やさしい日本語」での資料や説明が必要です。教室のスタッフが、外国人の親の手続きのために役所へできるだけ同行するようにしています。役所の敷居が高いと感じる外国人住民は少なくありません。ただ、私たちが同行することによって、自信を持って自分のことを話すことができる人がほとんどです。外国語に対応できる職員がいなくとも「やさしい日本語」で対応で

きる職員の存在は、外国人住民に安心を与えるものとなると考えます。

　また、教室に通う子どもの親が日本でよりよい待遇で働けるようになるためには、やはり、日本語でのリテラシー力が求められます。そのため、2021年度は「Minamiおとなの日本語教室」を開講し、日本語能力試験取得に向けての学習支援も行っています。資格を取ることによって仕事の幅も広がり、なにより親の自信に繋がります。

　コロナ禍だからこそ見えてきた課題に、今後とも丁寧に向き合い、支えていくために、これまで培ってきた＜場＞の力を最大限に発揮しながら、持続可能な活動を続けていきたいと思います。

引用・参考文献

伊藤亜希子（2017）『移民とドイツ社会をつなぐ教育支援：異文化間教育の視点から』九州大学出版会

岩田正美（2016）『社会福祉のトポス：社会福祉の新たな解釈を求めて』有斐閣

澁谷智子（2012）「子どもがケアを担うとき：ヤングケアラーになった人／ならなかった人の語りと理論的考察」『理論と動態』5:pp.2-23

原めぐみ（2020）「多文化社会のための共闘と共生：Minamiこども教室の日常的実践から」笠井賢紀・工藤保則編『共生の思想と作用：共によりよく生き続けるために』法律文化社pp.92-107

原めぐみ（2021）「ヤングケアラーになる移民の子どもたち：大阪・ミナミのケーススタディ」『多民族社会における宗教と文化：共同研究』24:pp.43-52

三井さよ（2012）「＜場＞の力　ケア行為という発想を越えて」三井さよ・鈴木智之編著『ケアのリアリティ：境界を問いなおす』法政大学出版局pp.25-45

第9章
外国にルーツを持つ子ども家庭支援で見えてきたこと
：NPOからの報告

はじめに

　豊島子どもWAKUWAKUネットワーク（以下「WAKUWAKU」）は「子どもの貧困」をテーマに、2012年に設立した市民主体の団体で、私は設立時から理事長を務めています。WAKUWAKUは外国ルーツの子どもに特化した支援団体ではなく、地域の多様な子どもに分け隔てなく「おせっかい」をしています。

　そのはじまりは、2003年に、豊島区が「区政70周年事業」と称し、区内にプレーパーク（禁止事項をなくし、子どもがやってみたい遊びを出来る限り実現できるよう運営された遊び場。冒険遊び場ともいう）開設準備のためのワークショップを開催し「市民主体のプレーパーク」とするべく、運営の担い手となる市民参加を呼び掛けたことでした。

　当時子育て中であり、また遠方のプレーパークにわざわざ通っていた私は、期待を込めてワークショップに参加しました。行政側の思惑と住民側のニーズのギャップに戸惑いながらも、結果としてメンバーのうちで唯一の現役子育て世代として、それまで市民活動などに特段関わりのなかった当時の私がいきなり「池袋本町プレーパークの会」の代表に担ぎ上げられたのでした。

　こうして同年にスタートした「池袋本町プレーパーク」には、多い日は子ども50人ほどの利用があり、毎日やって来て一日プレーパークで過ごす子も珍しくありませんでした。当然ながらその中には外国にルーツを持つ子どももいました。

　2012年にWAKUWAKUが設立され、2013年に「池袋本町プレーパークの会」はWAKUWAKUの傘下となり、池袋本町プレーパークは、誰

もが立ち寄り易い屋外の居場所として、「子どもの権利」を具現化している場として機能しています。

1 WAKUWAKUの取り組み

(1) 多様な子どもがやってくるプレーパーク

　小学校2年生の時に転校してきたK君も、土日になると朝から夕方までプレーパークで過ごしていました。友達とケンカをすると、言葉よりも手が先に出てしまうK君は、遊んでいてもそのうち独りになり、木片や枝を地面にたたきつけて砕き壊していました。何かを壊すことも遊びの一つであり、きっと壊したい、破壊したい理由があるのだろうとK君を見守っていました。

　ある日K君が「ママは病気だけど、僕がいるから入院できない」とつぶやきました。「ママが困っていたら、電話してと伝えて」と私の携帯番号のメモを渡したところ、その日の夜、ママから電話がありました。ママは中国にルーツを持つ方でした。この電話をきっかけに、ママの通院同行、入院時の子どもの預かりなど、子どもとその家庭を地域で応援しました。

　K君は、小学校5年の時に「海って何？」と聞いてきました。聞かれたボランティア学生の発案で、海にキャンプに行きました。（この合宿をきっかけに、毎年自然体験の機会や文化芸術に出会う機会を創っています。多文化の子どもも多く参加しています。）

　K君は、高校退学の危機、仕事でのトラブルなど困ったときには、今でも相談に来てくれます。

(2) 無料学習支援

　WAKUWAKUの基本は「おせっかい」です。地域で困っている子どもや親を表面的でない、深いニーズをくみ取り支援につなげることが

無料学習支援の様子　　ネパールの文化や教育を紹介する特別企画（無料学習支援にて）

「おせっかい」だと捉えています。私たちのテーマとする「子どもの貧困」は見えにくく、見た目や話し方では中々気付きにくいです。だからプレーパークや無料学習支援、子ども食堂など、様々な居場所で親子に出会い、困りごとを共有するところから深く関わっていくことが大切だと考えています。

　そんな中で、外国ルーツの子どもが多く通っている豊島区立池袋小学校のすぐ近くでWAKUWAKUが運営している無料学習支援は、多文化の子どもの居場所になっていきました。

　子どもたちはここに来ると、難しい日本語を学ぶより、一緒にトランプやウノをやって遊び、おしゃべりをしながら信頼関係を構築しています。相性のよいボランティアさんがマンツーマンで勉強をサポートしてくれるので、悩みなども聞かせてくれます。

　また外国にルーツを持つ子どもの存在が、周辺の人や環境にあらゆる影響を与えてくれるのです。そして母国の話を聞いてくれる人がたくさんいることで、子どもたちの安心感につながります。

(3)　当初見えていなかった「日本語教育」の不十分さ

　私たちが地域の外国ルーツの子どもを支援するきっかけは、私の息子の小学校担任から「外国ルーツの子どもが、学校での日本語教育だけでは全ての教科を理解するのが難しいことが課題です。どうにか地域の中

で、そういった子ども達の支援が可能にならないでしょうか？」と相談を受けたことでした。

　その当時から息子が通っていた小学校には、毎年外国ルーツの子どもが転校して来ていましたが、数ヶ月もすると子ども同士仲良く遊んでいました。そんな様子だけを見ていた私は、先生からの相談を聞いて初めて日本語教育の不十分さを認識したのです。

　2013年から無料学習支援をスタートして、2014年からは、近所の外国ルーツの子どもを積極的に誘いました。実際に関わってみると、日本語環境のみならず、彼ら外国ルーツの子ども達を取り巻く家庭環境自体が経済的に非常に厳しい状況にあることが解りました。

⑷　無料学習支援に通っていたA君の場合

　ネパールにルーツを持つA君は、中3の修学旅行に行かないと言い出しました。親御さんにも詳しく話を聞いてみると、修学旅行費が払えないからとのこと。お金の問題で行かない・行けないだけなら、とりあえず行ったあとでなんとかしようと旅行当日に池袋駅まで同行することにしました。先生も彼を受け入れて下さり、A君は修学旅行へ行くことが出来ました。

　その後、親御さんは担任の先生と面談し、そこで初めて就学援助の説明を受けたそうです。A君は来日5年目。親御さん自身にも日本語の壁があり、今まで就学援助の案内が毎年配布されていたにも関わらず、制度につながることができませんでした。配っただけでは必要な制度につながらなかったのです。周囲の人が確認し、時に一緒に申請に行くなど、丁寧な対応が必要なのだと、改めて痛感しました。（現在は豊島区の就学援助案内は日本語、中国語、英語版が用意されています。ITを駆使して、さらに多言語対応が充実することを期待しています。）

⑸　多文化としまネットワーク

　ネパールにルーツを持つD君も、小学校5年生から無料学習支援に

通っていましたが、中学校に進学する際の制服や体操着準備のため、私たちは「公益財団法人あすのば」による中学校入学応援給付金の申請サポートをしました。申請書の記入や課税証明書の準備をすることで、初めて家計状況を知ることになり、就学援助受給対象の収入でありながら、申請していないことが発覚。すぐに教育委員会の窓口に同行し、就学援助申請手続きをしました。

こうして、困ったときには誰かに相談すればなんとかなるということが、D君親子にインプットされた矢先のことでした。D君のお父さんは「技能」の在留カードで入国しているにも関わらず、スペイン料理のお店に就職してしまい、強制退去命令を受けたと相談がありました。すぐに地域の弁護士や行政書士に相談しましたが、結局帰国は免れられません。帰国するために地域で飛行機代のカンパを集め手渡した際、ご両親は「治安のよい日本で子育てをしたかった」と悔しそうに言っていました。

D君ファミリーの支援を通じ、子どもの育つ環境を守るためには、私たち地域住民が多様なステークスホルダーと連携して迅速に支援につなぐためのネットワークが必要だと感じました。また問題が起きてからではなく、心配ごとを周囲の人が早くキャッチして、相談できる連携体制を作っておくことが重要だと思いました。

そこで、豊島区で価値観を同じくする団体や支援者に呼びかけ発足したのが「多文化としまネットワーク」です。顔と顔を合わせて互いの活動を知り、外国ルーツの子どもや家庭を応援したい同志が関係を深めていきました。

(6)　制度の狭間に取り残された子どもたちも

無料学習支援「池袋WAKUWAKU勉強会」は、今年で9年目を迎えました。コロナ感染拡大前は、毎週子どもが60人、ボランティアスタッフが20人ほど集まるごちゃまぜの勉強会で、そのうち外国ルーツの子ども達は30人ほどでした。

　中学3年時に学習支援に来ていたネパールにルーツを持つP君には、高校入学時の書類申請で「おせっかい」をしましたが、その後疎遠になっていました。ところが高校卒業後の4月、P君はWAKUWAKU事務所へやってきました。進学先も就労先も決まらないまま高校を卒業したけれど、大学へ進学したいと言うのです。あまりに漠然としていたので、ひとまず5月からP君を無料学習支援に呼び、ボランティアの現役大学生がP君の話を聞いて、受験勉強体制を作りました。無料学習支援がない日は、WAKUWAKUホームの部屋を提供し、大学生がサポートしてくれました。

　そんな一見順調に進んでいるように見えたP君の受験勉強ですが、P君が志望校を固めた頃、家族ビザで滞在している彼は、大学の奨学金を申請できないことが判明しました。ならば留学生ビザに切り替えればよいかというと、それはそれで、卒業後に就職ができなかった場合に家族ビザには戻れないというデメリットも存在します。こういう制度の狭間で不利益を被る子どもたちの課題を、私たちは知ることになったのです。

　この出来事を受け、「もっと制度について知りたい」と、2018年11月に、外国ルーツの子どものための教育相談セミナーを開催しました。豊島区で外国人サポートに力を入れている行政書士を招き、通訳を付けて、大学進学時にどのようなビザを取得するとよいかなどを解説。外国籍の親御さんは知りたかったことがわかる機会となり、皆さん熱心に聞いていました。

(7)　子どもたちに様々な経験を！

　これまで子どもたちに自然体験、文化芸術体験の機会を創ってきましたが、こちらもコロナ禍でしばらくお休みしています。

　子どもが様々な経験の機会がないまま成長することのないよう、早く再開したいと思うイベントをご紹介します。

①　飛び出せ都会！自然いっぱいの山に行こう（長野県大鹿村合宿）

　プレーパークに来ていたK君は、海を知りませんでした。池袋での暮らしは、ビルに囲まれた狭い空以外、山も川も視界に入りません。

　そこで夏休みは、長野県大鹿村「延齢草」に15名の中高生と、2泊3日の合宿に行きます。子どもは雄大な山々に囲まれ川に入り、家畜に触れ、真っ暗闇を歩き、満点の星空を寝転がって眺め、自然の豊かさに包まれる合宿です。

②　無料学習支援のクリスマス会

　2016年、ボランティア学生の発案で、学生オーケストラが弦楽演奏を披露しました。そこにいた皆が音色に包まれ、とても豊かな時を共有しました。

　2018年からは、豊島区の劇場「あうるすぽっと」と協力し、劇場やホワイエが会場というクリスマス会に進化しています。そこには文化芸術に触れる様々な入口が用意されていて、だれもが主役になれるクリスマス会となっています。

　WAKUWAKUの活動は、様々な背景を持つ子どもも参加し易いように、すべての子どもが無料で参加できます。

クリスマス会

③　サンシャイン展望台ツアー

　子どもから参加費をもらわなくても活動を継続拡大する秘訣は、多くの企業や団体と連携協働し、子育ての喜びを分かち合うようなイベントを創ることです。WAKUWAKUのような一団体ができることは限られますが、できること、得意なこと、やりたいことを持ち寄れば、様々な経験の機会を共創できます。

　コロナ禍で開催したサンシャイン展望台ツアーは、毎年子どもに楽しい機会を提供している「一般社団法人東京キワニスクラブ」と、地元企業の「㈱サンシャインシティ」が連携して、春休みのお出かけ体験をプレゼントしてくれるものです。年に一度のこのイベントは、翌年も継続することになりました。子どもの笑顔を見ると、もっと「おせっかい」したくなります。

2　つながりを大切に支援していく

(1)　多文化子ども食堂

　外国にルーツを持つ子どもの親御さんは、日本で教育を受けさせたいと考えています。しかし、多くの場合「日本語の壁」があり、進路や学費について気軽に相談できる環境がありません。

　そこで私たちは、その不安をなくすとっかかりとして、食を介して距離を縮め、改めて困りごとを聞くことができたら、という思いから、外国にルーツを持つ親子が集う場として「ネパール子ども食堂」「フィリピン子ども食堂」「チャイナ子ども食堂」を実施しました。母国の自慢料理を、親御さんが私たちに作り方を教えながら、わいわい食べ、困りごとを聞いていく試みをスタートさせました。

　違う背景を持つ人々が入り交じり、孤独を抱えがちな外国にルーツを持つ親子も、そこに混じってつながること。それが究極的な意味で、彼らのセーフティーネットになっていくと考え、2020年からも継続的に多

文化子ども食堂を実施する予定でした。しかし、コロナ感染拡大予防のために、次の開催はまだ先になりそうです。

多文化子ども食堂

(2)　ホームスタート

　2016年、妊婦や乳幼児の子どもがいる家庭に、地域の子育て経験がある先輩パパやママが訪問して、傾聴や育児・家事を協働するホームスタートを立ち上げました。近年、豊島区には外国にルーツを持つ妊婦さんも増えているため、皆でやさしい日本語を学び、外国にルーツを持つ家庭を積極的に訪問しています。（この事業は豊島区家庭訪問型子育て支援ボランティア事業費補助金で運営しています。）

(3)　WAKUWAKUホーム

　2017年、宿泊機能をもつ拠点WAKUWAKUホームを立ち上げました。子ども食堂や学習支援などの居場所づくりをする中で、子どもが一時的に泊まれる場所が必要だという思いが強くなったからです。
　急な出張、緊急入院、今日は鬱で食事がつくれない、という親の事情や、家に帰りたくないと自分からやってくる子もいれば、子どもと距離

168

をとりたいと相談にくる親もいます。外国にルーツを持つ子どもも、もちろんやってきます。フィリピンにルーツを持つEさんは中学で不登校になり、家にも居場所がなく、ホームに半年以上滞在しました。ホームに来てからは、不登校生徒が通う教育センターにも通い、高校入学と同時に家族のところに戻りました。今でもご飯を食べにやってきますが、「ホームは実家のような存在」と話しています。

(4)　WAKUWAKUすまいサポート

2020年から、東京都の居住支援法人認可を受け、住まいのサポートをスタートしました。居住支援法人とは、住宅確保要配慮者（低額所得者、被災者、高齢者、障がい者、子どもを養育する者、その他住宅の確保に特に配慮を要する者）の民間賃貸住宅への円滑な入居の促進を図るため、住宅確保要配慮者に対し家賃債務保証の提供、賃貸住宅への入居に係る住宅情報の提供・相談、見守りなどの生活支援等を実施する法人です。

豊島区は空き家が多いことも課題の一つですので、空き家と困窮子育て家庭のマッチングや、物件探しのための不動産会社への同行をはじめ、子どもが「子ども部屋」を持てる環境作りや、住み替え前後の伴走支援を精力的に実施したくて取り組み始めました。

外国人不可、子ども不可の物件も多く、外国にルーツを持つ方だけでアパートを探すのは、かなり大変なことだと思います。公団住宅の申請も難しい作業です。そこで、公団住宅申請書記入サポート会も開催していますが、毎回多くの外国ルーツ家庭が参加しています。

3　コロナ禍での支援

(1)　コロナ禍で窮地に立つ子どもたち

コロナ感染拡大で、学校が休校になり、飲食店をはじめとするサービ

ス業が打撃を受け、外国ルーツ家庭は窮地に立っています。自助ではどうにもできない状況に立つ家庭を支えるために、子どもと有機的なつながりを創ってきた私たちは、他団体や地域と連携して、包括的プロジェクトに次々と挑戦してきました。

⑵　2020年５月〜 WAKUWAKU×ルーツ

　無料学習支援のボランティアで外国ルーツの子どもたちと関わってきた学生が、2020年４月から「勉強を目的としない居場所」を創る予定でした。コロナでいったんは計画延期となりましたが、2020年５月からオンラインの居場所「WAKUWAKU×ルーツ」（ワクワククロスルーツ）として安心できる居場所を立ち上げました。毎週土曜日、17時から19時に多文化の子どもたちが母国語で交流しています（この活動は、一般社団法人シャンティ国際ボランティア会が主催、WAKUWAKUが協力して運営しています）。

⑶　2020年３月〜「としまフードサポートプロジェクト」

　2020年２月末からのコロナ感染拡大防止のための小中高校の休校に伴い、としま子ども食堂ネットワーク、としま子ども学習支援ネットワーク、多文化としまネットワークでつながっている仲間に呼びかけ、緊急食糧支援「としまフードサポートプロジェクト」を立ち上げました。
　「区民ひろば」という公共の多世代交流施設12か所を会場とし、ひとり親家庭、外国にルーツを持つ家庭等の生活困窮家庭に、お米５キロと食料や衛生用品を配布するこのプロジェクトを、毎月100名以上の地域ボランティアや企業・社会福祉協議会・豊島区と連携して実施しています。食料を受け取りに来る家庭は、毎月500世帯以上にもなります。
　その中には外国ルーツ家庭も多いので、社会福祉協議会のコミュニティソーシャルワーカーに、「困っていることはありませんか？」と外国ルーツ家庭には特に気にして声をかけるようにしてもらい、コロナによる緊急支援につながるようにしています。

就労状況の回復が見えないため、2023年3月までは毎月実施する予定ですが、この間に多くの市民が活動に参画して、外国にルーツがある子どもや家庭とつながることを期待しています。

(4)　2020年11月〜地域がつながるプロジェクト

毎月第3土日に複数拠点で食料配布を続けている「としまフードサポートプロジェクト」には、毎月様々な困りごとが寄せられますが、コロナ自粛が長期化するにつれ、食費だけでなく、失業、減収、家賃、学費等、切実な問題が増え続けています。不安を抱えている家庭と食を介して毎月つながり続けることで、地域コミュニティにつなぎ、子どもの暮らしに伴走したいという私たちの思いはますます強くなりました。

同じ頃、厚生労働省が「支援対象児童等見守り強化事業」を打ち出し、自治体が民間団体と協力して行う見守り事業に補助金を出すと発表しました。地域社会から孤立しがちな子育て家庭や妊婦、子育てに不安をもつ家庭等の子どもを対象に、見守りを強化しようというものです。

不安な中で暮らしている家庭にお菓子を持って会いに行き、「おせっかい」したいという私たちの思いと、要保護児童の見守りをしたいという豊島区がタイアップして「地域がつながるプロジェクト」が誕生しました。

家庭を訪問する訪問員（「おせっかいさん」と名付けました）は、守秘義務の良識ある民生児童委員、主任児童委員、青少年育成委員、保護司、これまで子ども食堂や無料学習支援で活動していた71名の方が手を挙げてくださいました。一方、訪問する子どもの多くは、主に中国、ミャンマー、ネパール、ベトナムにルーツがある子どもと、ひとり親家庭の子どもです。

ミャンマーにルーツのある家庭に初めて訪問したおせっかいさんは、ドアを少しだけ開けて互いに短い挨拶をかわし、プレゼントを渡して帰りました。しかし2回目の訪問では、お子さんを抱っこしたママがドアを開けてくれ、待っていたと笑顔を見せてくれたそうです。互いに安心

できたようで、「コロナ禍、母国からの出産サポートもなく、赤ちゃんとママは孤立し、産後鬱にもなって、帰りたい、帰りたいと言っていた」とパパが話してくれました。初めての訪問から1年が経ちましたが、今や地域が温かい眼差しで、この家族を見守っています。

　外国人支援の現場では「支援する〜される」という関係が生まれがちで、支援の必要な人を「地域につなげる」と表現されます。でも、見守られる側の人たち、地域で活動したい私たちの、どちらも主体性をもった人間同士です。お互い地域の一員なのだ、という視点を大事にしたいという思いを込め「地域がつながるプロジェクト」と名付けました。

　この事業は2021年度も8回の訪問を終えました。夏休みを含む7か月に渡り、現在も訪問中です。

●2021年に来日したＴさん兄弟

　2021年2月、ある地域の中学校長が、親からの呼び寄せで来日したばかりのネパールルーツの生徒を「地域がつながるプロジェクト」につなぎました。

　早速、プレゼントを持って訪問すると、10歳と14歳の兄弟が不安そうに、私たちを部屋に案内してくれました。まずお手伝いしたことは、学校転入時に必要なランドセルやかばん、体操着、筆箱、色鉛筆、中学の制服などを地域で集めることでした。また、兄弟を地域のミニイベントに連れ出して、日本語に触れる機会を作りました。

　両親は、他のネパール人夫婦と2DKのアパートに同居していました。兄弟が来日したため、そのうちの3畳ほどの部屋に、家族4人で窮屈に生活していました。両親の「引っ越したい」という相談に応え、WAKUWAKUの居場所が点在する池袋地域に引っ越すサポートをしました。その後もスタッフが足しげく訪問し、学校との連絡や、新学期の準備、放課後の子どもの居場所を確保するための学童保育の手続き等、様々なサポートをしました。

　住まいや学童保育の手続きには就労状況も聞く必要があり、両親はコ

ロナ感染拡大の影響を受けながらも、必死で仕事をしている状況がわかりました。父親は「技能」ビザで来日していますので、ネパールカレー店で勤務しています。母親は家族ビザなので28時間／週しか働くことができません。そのため、時給が高い夜間のアルバイトをしていました。生活のためとはいえ、親の身体も心配ですが、慣れない日本のアパートの片隅で、21時過ぎまで兄弟2人だけで過ごしている子どもの心も心配でした。

　しかし、出会ってから約半年が過ぎた今、兄弟は学校にも楽しく通い、日曜にはプレーパークで遊び、WAKUWAKU勉強会、WAKUWAKUホーム、個別の日本語勉強会を行き来する地域の子どもになりました。

　「池袋の人は、みんなやさしいです。外国人で子どもの学校のこと、日本語が読めないので手紙、手続き、全部が大変だけど、いま嬉しいです。前の家の時は、奥さんはネパールに帰りたいと泣いてましたが、引っ越した家では、わたし自分の家、嬉しい。まだ帰りたくないと言ってます」と話す父親は、母国に子どもを残し、10年前から来日していました。日本語も日常会話程度なら話すことができますが、これまで日本人との交流は一切なかったそうです。

(5)　コロナに感染したファミリーとおせっかいさん

　2021年8月、コロナに感染し、自宅療養を強いられた子育て家庭が増えていきました。この時期、コロナ禍でもフードサポート、地域がつながるプロジェクトなどでつながり続けた外国ルーツ家庭から「熱があるのだけど、どうしよう」「コロナになってしまった」と相談の電話が相次ぎました。

　私たちは、おせっかいさんと連携して、発熱外来の予約をサポートしたり、自宅療養中に食料やオムツなどを玄関前に置き配したり、安否確認と不安を受け止める電話を頻繁に入れたりしました。

　自宅療養中の家庭をサポートしたおせっかいさんからは、「都内のコロナ感染者が5,000人以上になり、保健所の対応も追いつかない中、こ

のようなつながりがなかったら、仕方なく濃厚接触者が買い物に出てしまったりするかもしれません。孤立している家庭では、非常に辛い状況に追い込まれると感じました。」という感想をもらいました。

●おせっかいさん

　WAKUWAKUは「おせっかいの循環と増殖」を目指し活動しています。いまの時代、道ですれ違った外国人親子に、いきなり挨拶するのは容易なことではありません。しかし、おせっかいな活動団体に参画すれば、地域の子どもと知っている関係になり交流できます。あるおせっかいさんは、「WAKUWAKUに関わらなければ、ミャンマーの人と関わることはなかったと思う。関わるきっかけがあることで、親子と交流できて、困っていることを知ることができた。私に何かできることは、やりたいと思う。まだつながっていない外国ルーツの子どもとつながりたいし、応援したい」と話してくれました。

　また、あるおせっかいさんは、「同じ町内に、ベトナム人の家族が住んでいたなんて、まったく知らなかった。礼儀正しく、部屋もとても整頓されていて、外国人のイメージが変わった。知り合いになれて嬉しい」と話してくれました。

　私たちは日本語しか話せないし、専門家ではないので「日本語指導」はできません。しかし、挨拶を交わし、相手を名前やニックネームで呼び、子どもや家族を温かいまなざしで見守ることはできます。そうして対話をしていく中で互いに豊かな気持ちになり、他者を尊重し合えるまちを創っていけるのではないでしょうか。

(6)　オセッカエル

　無料学習支援につながり大学受験したP君は、今ではなくてはならないWAKUWAKUサポーターです。学習支援のボランティアだけでなく、ネパールファミリーの通訳として、地域や学校の架け橋となっています。

　小学校5年で来日したP君は、母国語で会話はできますが、読み書きは忘れかけているそうです。もっともネパールでは英語が共通語ということですが、卒業後も日本で就職し、ここで暮らしたいと話しています。

まとめ

　豊島区は、在留外国人が全国で8番目に多いまちですが、残念なことに多文化共生センターや、地域コミュニティにつながる仕組みがありません。しかし、仕組みが無いからこそ私たちはこの8年間、先駆的な活動を学び、地域の団体や人とつながり、子どものニーズに応じたおせっかいを展開してきました。

　コロナ禍の今、このまま日本に滞在できるのか不安を抱えて生活している子ども、生活保護が受給できないため病気になってもなんとか働きつづける親が、同じまちに暮らしているのです。このピンチの時こそ、子どもにつながるおせっかいの輪を広げ、親子が孤立しない支援体制を地域の仲間と考えていきたいです。

　子どもの成長は早いもので、地域がおせっかいしてきた子どもが「オセッカエル」となり、今や同郷の子どもたちに寄り添っています。「オセッカエル」となった若者は、来日した親子が何に困り、何があれば助かるか、身をもって知っています。

　彼らと共に、学校と地域が連携して子どもを応援する仕組みや、ワンストップで必要な制度や支援だけでなく、地域の「おせっかいさん」につながる仕組みを地域主体で創るまちこそ、SDGsの目標「だれひとり取り残さない」を実現できるまちになるのではないでしょうか。

第10章
海外の移民家族への子育て支援
：カナダ・韓国の事例から

　本章では、諸外国での外国人の子育て支援の取り組みを紹介します。移民や難民、そして多文化背景をもつ子どもや家族への支援は、諸外国でも様々な形で行われてきました。移住者の社会統合支援、という観点でみると、移民国家として長い歴史を持つ国と、もともとは移民国家ではなかったが、少子高齢化や労働力の不足などにより、移民国家へと移行してきた国に区別できます。移民国家として長い歴史を持つ国としては、アメリカ、カナダ、オーストラリアなどが挙げられます。これらの国では、移民・難民に対する定住支援プログラムを整備し、公用語教育や職業教育などを国の施策として取り組み、多様性を尊重するような社会づくりに向けて、教育現場でも積極的に取り組んできました。

　一方、少子高齢化や労働力の不足などにより、移民国家としての政策を構築し、地域での社会統合の取り組みを行ってきた国もあります。例えば、韓国は人口の減少や少子高齢化問題、とくに少子化の進行の速さが社会的課題として認識されるなかで、外国人の花嫁や外国人労働者の受け入れを促進する策を、日本よりも早い時期に進めてきました。そして、その後、移民の社会統合に向けた省庁、機関の設置と家族支援の実践などに積極的に取り組んできました。

　日本は、動きとしては後者になります。今まで、外国人を永住する人々として迎え入れるというよりは、一時的な労働者とみなし、定住に対し必ずしも肯定的な姿勢は見せてこなかった一面もあります。他国の取り組みからは、私達が今後取り入れることができる施策や実践のヒントもありそうです。ここでは、カナダと韓国の事例を紹介します。

1　カナダ：多文化主義に基づく移民の子育て支援

(1)　国の概要

カナダは、米国の北に位置する、人口約3,789万人（2020年１月カナダ統計局推計）の国です。ロシアに次いで広い国土面積を持ち、公用語は英語、フランス語で、首都はオタワです。

17 〜 18世紀におけるフランスとイギリスによる植民地をめぐる争いの中で、カナダは1763年にイギリスの植民地となり、1867年にカナダ連邦が発足しました。その後、イギリス連邦の自治領となり、1931年にウェストミンスター憲章でイギリスと対等な主権を持ち、実質的に独立しました。1982年、イギリスが最終的な司法権をカナダへ移管したことで、新カナダ憲法が採択され、完全な独立国家となりました。

カナダ憲法では、ファースト・ネーションズ（北米インディアン）、メティス（先住民とヨーロッパ人の両方を祖先とする人々）、イヌイット（北極地方の人々）の３グループが先住民族として認定されているほ

図10.1　カナダの概況

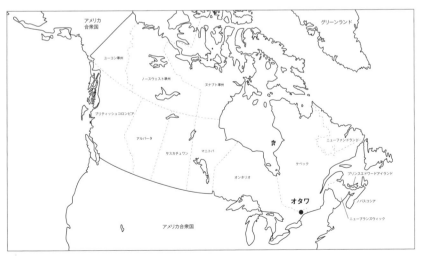

か、200を超える民族が生活しています。英語とフランス語が公用語ですが、それ以外の言語も日常的に使われ、新聞や雑誌が40か国語以上で発行されています。

(2)　社会に根ざした多文化主義

カナダは、毎年20万人以上の移民を受け入れています。カナダの大きな特徴は、移民が国家を構成する主要な存在として位置付けられていることです。

カナダ政府は、1971年に、世界で初めて多文化主義政策を採用し、1988年には、この類の法律としては世界で初めての「多文化主義法」を制定しました。法律では、「カナダ政府は、カナダの人種、国籍、民族、色、宗教に関するカナダ人の多様性をカナダ社会の基本的特徴として認識し、経済的、社会的、文化的、政治的生活におけるカナダ人の平等を達成するために取り組みながら、カナダ人の多文化遺産を保存し、強化するために設計された多文化主義の政策に取り組む」としています。そして、

①同化ではなく統合に根ざしたアイデンティティの保持を保障する
②社会参加の壁をなくす
③個人、コミュニティレベルでの交流を促進する
④少なくとも2つの公用語のいずれかの言語を習得する機会を保障する

ことを盛り込んでいます。この法律および多文化主義に関するその他の事項について、大臣に助言などを行う諮問委員会が設置されています。諮問委員会には、法律に示された事項の取り組みに関する年次報告書を提出することが義務付けられています。

(3)　政府による移住者への肯定的価値観の発信

　2020年の「移民に関する年次報告書」は、「カナダは、今後も移民、難民や庇護希望者を受け入れる社会であり続ける。移民は、計り知れないほど社会を豊かにし、社会の発展は移民なしには不可能である。COVID19による試練の中にあっても、移民の存在が社会の繁栄に寄与し、文化や遺産のみならず、才能や価値観をもたらしてくれる点は忘れない」という冒頭メッセージで始まります。内容も、多くのグラフや図表データで「移民は社会に貢献する存在である」というメッセージが感じられるものとなっています。

　図10.2は、2020年次報告書の一部（p.8）です。移民や新たな移住者が、カナダ社会の発展に貢献する存在である、ということが、データを基に示されています（筆者訳：①〜⑤）。

　カナダ政府は、一般市民への啓発、教育も積極的です。多文化主義の理解を深めるために「Asian Heritage Month：（アジアの文化継承月間）」「Black History Month（アフリカ系黒人の歴史の月間）」を設定しているほか、6月27日を「Canadian Multiculturalism Day（カナダ多文化主義デー）」として制定しています。この日または前後に、多文化を祝うイベントが学校でも行われています。

2　多文化共生に関連するNGO/NPOの活動

　カナダでは、多文化主義の価値、そして政策を具現化する活動を行っているNPOが多くあります。これらのNPOや民間の支援機関は、自治体や財団からの助成を得て地域で活動しており、子どもへの支援も行っています。ここで、いくつかの支援機関の活動内容を紹介します（これらの機関の情報は各機関のホームページの情報を筆者が訳したものであり、2021年5月時点のものです）。

図10.2　移民に関する2020年次報告書（8ページより抜粋）

Immigrants and newcomers contribute to the advancement of Canadian society

Since Canada's inception in 1867, the Canadian identity has been formed by the diverse cultures, religions, histories and languages of English, French and the Indigenous Peoples. Immigration has also played a key role in advancing Canada's tradition of bringing diverse peoples together to live within the same national community. Immigrants to Canada come from many source countries and possess a wide variety of cultural and religious backgrounds, and are able to integrate effectively in communities across the country.[13] In 2016, immigration originating from Africa surpassed European immigration, and this trend continued in 2019. Each wave of immigration contributes to the growing ethnic, linguistic, and religious diversity in Canada. In turn, Canadians have typically welcomed immigrants to Canada as highly educated, ambitious and capable people with the potential to contribute positively to Canadian society.[14]

① **Immigrants contribute to an educated Canada** – in 2019, 56% of very recent immigrants and 50% of recent immigrants working in Canada had a university degree.[15]

② **Immigrants are politically engaged** – in the 2011 federal election, 82% of citizens who immigrated as economic immigrants (principal applicants), and 68% of citizens who immigrated as refugees, voted.

③ **Immigrant donors are generous** – immigrants who donated were, on average, relatively generous with various Canadian and international charities.[16]

④ **Immigrants contribute to Canada's future** – the children of immigrants tend to achieve high levels of education and similar labour market outcomes as those born in Canada.[17]

⑤ **Societal benefits go beyond those offered by economic immigrants**. For example: two out of three refugees become home owners after ten years[18] and refugees have the highest citizenship uptake rate (89%) of all immigration categories.[19]

---

① 移民はカナダの教育成果に貢献している
　2019年、56％の直近の移民と50％の働いている移民は学士の学位をもっている。
② 移民は、政治的にも（カナダ社会に）関わりをもっている
　2011年の連邦政府の選挙では、経済的移民として移住してきた市民の82％、難民として移住してきた68％の市民が選挙で投票している。
③ 移民は惜しみなく寄付をしている
　平均を見ても、移民は多様なカナダの、そして国際的チャリティ団体に惜しみなく寄付をしている。
④ 移民はカナダの将来に貢献している
　移民の子どもはカナダで出生した子どもと同程度の高水準の教育と労働市場での成果を出している。
⑤ 経済的移民により社会的な恩恵を多く得ている
　３人に２人の難民は移住後10年で家を所有し、難民はすべての移民のカテゴリーの中でも最も高度な市民権を有している。

（筆者訳）

カナダ政府（2021）

(1)　ネイバーフッドハウス

　カナダ各地には、「ネイバーフッドハウス」という、地域コミュニティの拠点となるセンターが設置されています。ネイバーフッドハウスは、イギリス、アメリカで発展した「セツルメントハウス」が発展した形で設立された施設です。現在もイギリス、米国各地で運営されており、カナダにも各地に設立されています。セツルメントハウスは、多くは移民であった、貧しい労働者が暮らす地域で社会的、教育的なプログラムを提供してきたコミュニティの施設です。ネイバーフッドハウスでも、子ども、若者から高齢者、障がい者、性的マイノリティなど、特に移民に限定せず、多様な人々の地域生活を包括的に支援する、という理念に基づき、就労支援、学習支援、居場所づくり、健康相談など、多様なプログラムが提供されています。例えば、South Vancouver Neighbourhood House（南バンクーバーネイバーフッドハウス）のホームページを見ると、

　　　・Community Program（コミュニティプログラム）
　　　・Children Program（子どもプログラム）
　　　・Preteen and Youth Program（思春期世代へのプログラム）
　　　・Family Program（家族プログラム）
　　　・Older Adults and Seniors Programs（中・高年者プログラム）
　　　・Adult Day Programs（成人のデイプログラム）
　　　　（South Vancouver Neighbourhood House　ホームページより引用）

等があり、多様な世代に対する交流プログラムを提供していることがわかります。

　ネイバーフッドハウスでは、移住者を対象とした支援プログラムも多く提供されています。移民の家族は、まず言葉に関するアセスメントを受けたうえで、必要な支援についてのカウンセリングと必要な支援の紹

介を受けます。多くの機関が、語学講座を受講する際にその間の保育を用意しています。また、個別のカウンセリングなどのほかにも、ボランティア先を移民に紹介するなどの支援もあり、移民を地域につなげ、地域の一員として迎え入れるような取り組みが行われています。

(2)　モザイク（MOSAIC：バンクーバー）の多様な支援

「カナダ」と「多文化」について調べていくと「モザイク（MOSAIC）」という言葉に出会います。「モザイク」とは、多様な民族が共生・共存しながら一つの国家を形成するカナダ社会の状況を示すものとして使われます。そして「MOSAIC」は、バンクーバーにある移民や難民、多文化背景を持つ人々に対する支援を提供する機関の名称でもあります。この機関は、移住者向けの多様なプログラムを提供しています。ここでは、「MOSAIC」の支援をホームページから一部抜粋、翻訳して紹介します。

①MOSAICの概要

MOSAICは、「Multi-lingual Orientation Services Association for Immigrant Community」の頭文字をとったものです。MOSAICは、1976年に発足し、カナダで移民の定住支援を行うNPOとしては最も大きい組織の一つで、バンクーバーを中心に活動しています。

バンクーバーに51か所の事務所・連携機関があり、300人以上のスタッフ、500人以上のボランティアにより、38のプログラムが提供されています。現在は83か国の言語での支援を提供しており、年間約18,000人が支援を受けています。コロナ禍では、オンラインにて国外に居住している人々への支援も提供しています。MOSAICの運営費の約8割は国および連邦政府からの補助金で賄われており、それ以外は翻訳費や寄付などで運営しています。

②支援プログラム

プログラムは、ア．Settlement（定住支援）イ．Language（言語支援）ウ．Employment（就職支援）エ．Counselling（カウンセリング）オ．Interpretation & Translation（翻訳・通訳）カ．Workplace Training（企業などを対象としたトレーニングプログラム）キ．Family, Children & Youth（家族、子ども及び若者支援）、等を行っています。以下は、それぞれの内容です。

- Settlement（セツルメント：定住支援）

  Settlement Worker（定住支援員）とのマンツーマンでの相談、社会とのつながり

  プログラムでの個別支援や講座、外出プログラムなど。支援プログラムは留学生、移住労働者、高齢者、難民、LGBTなど細分化されています。

- Language（言語支援）

  Language Instruction for Newcomers to Canada（LINC）という英語教室があり、少人数クラスで授業が開講されています。ほとんどの教室では無料の託児サービスがあります。そのほか、翻訳・通訳支援も行っています。

- Employment（就職支援）

  就職希望者、雇用希望者両方に対する支援を行っており、就職希望者に対しては、介護職、建築業、製造業など、業種それぞれに対する就労支援プログラムがあります。また、それぞれの仕事で求められる基本的技術を学ぶ講座を無料で開講しています。

- Counselling（カウンセリング）

  移住が家族内の力関係にもたらす影響をふまえ、男性、女性それぞれに対するカウンセリングを多言語で行っています。家庭内暴力の被害者だけではなく、暴力加害者となった男性に対し、文化に関わる課題をふまえたカウンセリングを提供するほか、公的

機関との橋渡しも行っています。

- Interpretation & Translation（翻訳・通訳）

  外部の公的・民間の機関からの依頼を受けて、翻訳や通訳のサービスを提供しています。

- Workplace Training（企業などを対象としたトレーニングプログラム）

  Centre for Diversityでは、企業その他の機関に対し、多様性やインクルージョン促進に関するテーマでワークショップやセミナーを提供しています。

- Family, Children & Youth（家族、子ども及び若者支援）

  新規で移住した家族のための居場所の提供、乳幼児の子どもをもつ保護者のための親支援プログラム、Settlement Worker（定住支援ワーカー）による学校での支援等を提供しています。

その他、Special Projectsとして若者、高齢者のための人間関係に関する教育プログラム、反差別に関する発信などを行っています。

③家族、子ども及び若者支援

MOSAICでは、家族や子どもへの支援として、Family, Children & Youthでは以下のような支援を行っています。

- Family Centre（家族センター）

  家族センターでは、最初に"Welcoming Room"（ウェルカミング・ルーム：歓迎室）で登録を行います。そして、提供されている支援について説明を受けます。

- Community Action Program for Children（子どものためのコミュニティアクションプログラム）

  年に3回、保護者と子どものための週ごとのサポートグループが行われ、MOSAICのファシリテーターと幼児教育のワーカー

　２名が、保護者には定住や家族支援に関するサービスを提供し、子ども達にはその間、遊びを基盤とした活動を行います。保護者は、どのように他の親の友人をつくるか、子どもの発達についての学び、しつけや学校への準備、他の地域のサービスや言語支援等について学びます。その他、語学学習、グループでの英語学習機会、地域の社会資源へのアクセスの支援等も行っています。

● Settlement Workers in Schools（SWIS）（学校での定住支援ワーカー）

　多言語に対応できる定住支援ワーカーが、新しく移住してきた子どもと家族に対する学校での支援、フィールドトリップやワークショップを行っています。

● Building Blocks

　初めて子育てを行う移民の保護者を対象としており、家族支援の訪問員、看護師やソーシャルワーカーがチームを組み、家を訪問して赤ちゃんの発達に関する相談支援、健康や授乳に関する情報提供を行っています。

　こうしたプログラム以外にも、社会的なリスクを抱える若者を地域の社会資源につないだり、個別支援を行ったりするなど、若者向けの支援もあります。カナダには、次に紹介するような、MOSAICと同様の活動を行う機関はほかにも多くあります。

⑶　Immigrant Services Calgary（イミグラントサービス・カルガリー：カルガリー移民サービス）

　Immigrant Services Calgaryは、1977年に「Calgary Immigrant Aid Society」という名称で設立された、カルガリーで最初の定住支援機関です。提供しているサービスとしては、

　・Settlement & Integration Support（定住・統合サポート）

　　・English Testing/Education（英語試験・教育）

　　・Translation and Interpretation Services（翻訳・通訳サービス）

　　・Career/Employment Support（就労支援）

　　・Children & Parents（子ども・保護者支援）

　　・Youth/Seniors（若者・高齢者支援）

　　・Family Support & Counselling（家族支援・カウンセリング）

などがあり、MOSAICと同じように、対象者に合わせて様々なプログラムや支援が行われています。このうち、子育て家庭に対するものとしては以下のようなものがあります。

〔Family Resources Centre〕ファミリーリソースセンター

　・Early Learning Across Culture

　　子どもや保護者が、他の文化をドラマ、絵、音楽や工芸などを活用しながら学ぶとともに、自分自身の文化を共有する無料のプログラム。保護者もワークショップに参加し、子どもの発達についても学んでいきます。

　・Healthy Start Calgary

　　妊娠中、あるいは12か月までの乳児を育てる保護者が、看護師や栄養士、ソーシャルワーカーに会い、健康的なライフスタイルについて学ぶ。カルガリーフードバンクへの紹介を受け、ギフトカードやバスチケットをプログラム参加のために受け取ることができます。

　・Mosaic Pre-school Programモザイク　就園前プログラム

　　このプログラムは、幼稚園に就園前の子どもが、遊びや他児との関わりを通じて英語を練習する機会を提供する場となっています。子どもたちは、地域の遊び場や遊園地、動物園などへの遠足もある。保護者は、学校、安全、健康や家族の生活に関する情報を得ることができます。

　・Parents and Tots Program

このプログラムは、保護者と子どもが遊んだり、歌を歌ったり、本を読んだりするもので、子どもたちは新たに友達を作る機会となり、英語を練習する機会にもなっています。

イミグラントサービス・カルガリーでは、8歳から12歳の子どもが対象の無料のAfter School Program（放課後プログラム）での学習支援や友人作りの場、11歳から15歳を対象としたコミュニケーションや関係づくりについて学ぶプログラムなど、学齢期の子どもへの支援も複数行っています。

⑷　カナダにおける実践から学べること

①政府による肯定的な発信

政府の年次報告書、そして「Canadian Multiculturalism Day（カナダ多文化主義デー）」の設定などからは、「私たちは移住者を歓迎していますよ」というメッセージが伝わってきます。支援機関で非常に素晴らしい支援を提供したとしても、移住者が暮らす地域住民が移住者に対し冷たい目を向けるような状況では、支援機関のサービスの効果が薄れるでしょう。移住者に対する肯定的な発信を政府が積極的に行う意味は大きいといえます。

②地域と移住者をつなぐ

カナダには、様々なボランティア団体や支援機関が存在しています。それらの内容を見ると、地域の社会資源につなげる機会を生むようなサービスが多くあります。また、子育て家庭の保護者同士のつながりを生むための支援についても力を入れていることが窺えます。地域で主体的に人とつながり、生活で困ったりしたときに支え合える関係を地域の中で築くことができるようにして、そのなかに移住者支援も並行して行う事で、移住者が地域に溶け込むことができるような地域づくりを目指しているのです。

③細やかな子育て・子育ちの支援

　出産期の栄養の考え方やしつけ、発達の理解などは、文化の影響を大きく受けますが、今回紹介した機関では、訪問型の支援、子どもへの活動を提供しつつ保護者への子どもの発達や子育てに関するプログラムを行うなど、個々の特性に配慮できるような支援が行われていました。また、Settlement Worker in School のような、学校での生活支援は、語学や生活知識で支援を必要とする保護者に対する支援としても非常に助かるものとなるでしょう。

3　韓国

　韓国は、日本の西に位置し、国土は日本の約４分の１で、2019年11月時点での人口は約5,178万人（韓国統計庁　2019年）です。クリスチャンが多く、仏教（約762万人）、プロテスタント（約968万人）、カトリック（約389万人）等（韓国統計庁（2015）：外務省ホームページより）となっています。

図10.3　韓国の概況

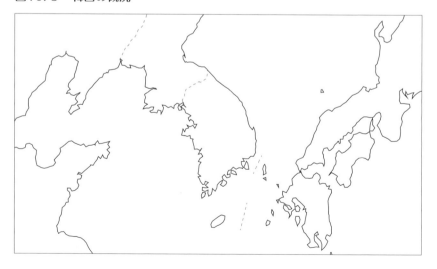

　韓国では、乳幼児政策・保育政策は、女性の社会参加の進展と出生率の低下に伴い、重要なもののひとつとなっています。韓国は、少子高齢化が急激に進んでいるアジア諸国の中でも特に合計特殊出生率が低く、2020年には0.84とさらに少子化が進みました。この状況への危機意識もあり、近年は政府主導で保育支援の拡大や保育施設の拡充が進められています。そのなかで、多文化家庭に対する児童福祉・保育・教育支援の強化や家族支援、障害児の保育施設利用の支援など、多様なニーズを抱える子ども家庭に関する支援を拡充させています。

(1)　韓国の多文化家族の増加

　2019年11月時点での外国人数は178万人で、全体の3.4％を占めます。この数は、2018年より8％上昇しています。国籍は、43.5％は中国系（韓国系中国人と中国、台湾の人々）と最も多く、多文化家族の場合、配偶者の国籍としては、韓国系が最も多くなっています。多文化家族の全体では、帰化した韓国系中国人、ベトナム、中国などの出身が多くを占めています（図10.4）。

　国際結婚の割合は、韓国での全結婚の約10％を占めています。日本と

図10.4　多文化家族の構成員割合：国籍別

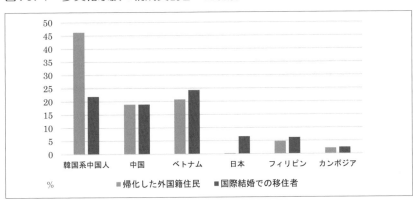

韓国統計庁（2020）より作成

同様に妻が外国人の組み合わせの割合が64％で、妻の国籍は、かつては中国の割合が最も高かったものの、2016年頃よりベトナム国籍が中国よりも多くなっており、2019年のデータでは、ベトナム国籍の妻の割合は中国の1.5倍となっています。両親のいずれかが移住者である夫婦から生まれた子どもの出生は、全体の5.9％となっています（韓国統計庁2020）。

(2)　韓国の多文化家族政策

　韓国では、2000年代に入り、政府による多文化共生施策が本格的に構築されるようになりました。2007年には、「在韓外国人処遇基本法」が施行され、翌年の2008年に「多文化家族支援法」が施行されます。この法律が、現在に至るまでの、結婚による移住者や国際結婚家庭の子どもへの支援策の基盤となっています（表10.1）。

表10.1　多文化家族支援法の概要

〔目的〕
　多文化家族の構成員が安定した家庭生活を営むことができるようにすることでこれらの者の生活の質を向上させ、社会統合に貢献する（第1条）。
〔対象〕
　韓国国民との結婚により韓国に移住した外国人や韓国に帰化した者、それにその夫婦から産まれた大韓民国の国籍を有する子どもがいる家庭（第2条）
〔国・自治体の役割〕
・多文化家族の構成員が安定した家庭生活を営むことができるような施策を施行する。
・多文化家族に対する差別や偏見を予防するために、広報等の必要な措置をとるよう義務付けられる（第5条）。
〔支援内容〕
・情報提供及び教育支援（第6条）
・家族相談や夫婦教育等の平等な家族関係のための措置（第7条）
・DV（ドメスティック・バイオレンス）等家庭内で発生する暴力の被害者に対する保護及び支援（第8条）
・産前産後の健康管理支援（第9条）

・児童の保育及び教育（第10条）
・多国語によるサービス提供（第11条）
〔多文化家族支援センター〕（第12条）
・保健福祉家族部長官は、多文化家族支援施策の施行のために必要な場合には、多文化家族支援に必要な専門人材及び施設を備えた法人又は団体を多文化家族支援センターに指定することができる。
＜業務＞
・多文化家族のための教育、相談等の支援事業
・多文化家族支援サービスの情報提供及び広報
・多文化家族支援関連機関及び団体とのサービス連携
・その他の多文化家族支援のために必要な事業

　韓国では、女性家族部が多文化家族支援政策の基本方針となる基本計画を策定します。そして、全国の多文化家族支援センターがそれを踏まえた施策を実施しています。韓国での多文化家族支援施策は「将来韓国社会を形成する結婚移住者がより韓国になじんでいくことができる」ことを目指す、という色が強く、「社会統合ではなく同化政策だ」という批判もあります。ただ、異国の社会生活において必要な知識や言語、就労に対する支援を国がけん引している点では、日本でも参考になる点は多くあるといえます。

(3)　自治体での多文化家族支援の取組み事例：ソウル市

　ソウル市広域圏の人口は2019年11月時点で約2589万人で、韓国全体の約半数を占めます。ソウル市のホームページをみると、ほぼすべてのページが英語、中国語、日本語で読むことができるようになっています。ホームページで「国際交流」のページをみると、「多文化家族支援事業」について非常に細かく記載されています。

①ソウル市での多文化家族支援施策
　ソウル市では、「多幸福ソウルプラン」のもと、４大目標として、①国際結婚移住者の自立性の向上、②多文化家庭児童への教育支援、③健

表10.2　「多幸福ソウルプラン」での7大課題

【7大課題】
① 国際結婚移住者の安定的な定着及び自立性向上のための支援強化
② 多文化家庭児童及び中途入国児童に合わせた教育支援
③ 多文化危機家庭の予防及び人権保護の支援
④ 多文化家庭の健全な家族関係の構築
⑤ 生活密着型情報提供の強化
⑥ 社会の認識改善
⑦ 多文化家庭に対する支援推進体制の整備－詳細事業：国際結婚移住女性
　 の就職・創業支援専門機関、保護者コミュニティ、多文化危機家庭の安全
　 ネットワークの構築（緊急救護及び総合相談）など

ソウル市ホームページより（2021年8月）

図10.5　ソウル市ホームページの多言語での生活情報サイト「ハンウルタリ」

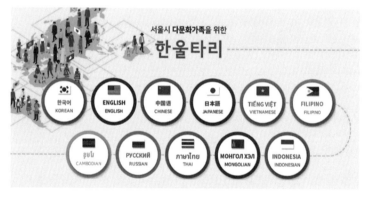

ソウル市ホームページより（2021年8月）

全な家族関係の構築、④健全な多文化社会づくり、を掲げ、7大課題
（表10.2）を解決すべく、様々な施策を行っています。

　ソウル市は、2010年に多文化家族のための『ソウル特別市ハンウルタ
リ・ポータルサイト』を立ち上げました。各言語をクリックすると、ソ
ウル市の多文化政策、多文化家族のために行われているプログラム（韓
国語教育、就労支援、求人情報など）、そして自治体による出産、育児、

図10.6　日本語のサイトにある生活情報

ソウル市ホームページより（2021年8月）

教育、健康保険、住宅などの情報が掲載されています。

　日本語ページの画面をみると（図10.6）、コロナ禍に関する詳細な注意事項が、日本語で記載されています。また、韓国語講座に関する情報や生活情報のサイトにも行くことができるようになっています。

　ソウル市の多文化政策のページ（表10.3）を見ると（2021年8月現在）、非常に多くの事業が整理され、記載されています。これをみると、出産時の支援、保育施設の運営、サッカー教室などもあるほか、母国語の教育支援も行われています。

表10.3　ソウル市での多文化政策一覧

事業名	事業概要
危機状況の多文化家族に対する安全網構築	・ソウル移住女性相談センター及び短期保護施設を運営 ・多文化家族の専門総合相談、暴力被害者支援など
移住女性保護及び自活施設運営	家庭内暴力、性売買被害移住女性及び同伴児童に対する寝食提供、緊急保護、各種相談など
多文化子ども保育施設の運営	多文化子どもの統合保育施設のうち、ソウル市多文化統合保育園の指定及び支援
多文化家族子女訪問学習	多文化家族及び外国住民子女（満2～12才）対象 韓国語や基礎科目（韓国語・英語・数学・社会・科学のうち1科目を選択）の訪問授業及び心理検査の支援
多文化家族支援特化事業	多文化家族の子女成長、家族関係向上、力量強化及び多文化認識改善プログラムの運営を通し、多文化家族の安全的な定着を支援
外国人労働者など疎外階層医療支援サービス	・外国人労働者など、疎外階層への医療支援サービス ・医療通訳及び介護サービスを支援
多文化家族学位取得支援	・ソウル市立大学の随時募集（推薦入学）で特別選考に多文化子どもが志願する機会を提供
茶山コールセンター外国語相談サービス	・外国語相談サービス ・外国人ハッピーコールサービス実施
外国人ソウル生活モニタリング団運営	・外国人コミュニティー文化行事の行事経費支援 ・多文化家族支援センター内自助の集い活動支援 ・多文化家族支援センター内の自助団体活動支援、多文化及び一般保護者で構成された保護者コミュニティー活動支援
訪れる多文化理解教育	・対象：ソウル市内の幼稚園・小中高校と学生など ・期間：年中（休み期間を除く） ・方法：あらゆる国籍の外国人講師（40カ国、51名）が学校を訪問し、教育実施 ・内容：多文化の紹介及び体験活動など
オンーオフライン生活情報提供	・ソウル市多文化家族'ハンウルタリ'ホームページ'運営（www.mcfamily.or.kr） ・多文化家族専用のアプリケーション「My Seoul」を運営（11ヶ国語でサービス） ・多文化家族総合生活情報提供'ハンウルタリ生活案内書'製作及び発行（11ヶ国語、10,000部）

幼少年サッカー教室	・多文化家族子女サッカー教室運営（満5〜12才） ・FCソウルのホームページ（www.fcseoul.com）及び、ハンウルタリ、ホームページ（www.mcfamily.or.kr）で申込可能
中途入国青少年及び多文化家族子女進学指導	・中途入国青少年を対象に上級学校進学に関する保護者及び生徒相談 ・多文化家族の予備受験生のための大学入試現場相談
多文化家族奨学金支援、合同結婚式、グローバル体験	・ウリ多文化奨学財団と協力して多文化家族の生活安定及び社会統合を促す ・低所得層の多文化家族の子ども及び結婚移民女性に対する奨学金支援 ・経済的な理由で結婚式をあげることができなかった多文化夫婦の結婚式及び前撮り撮影、披露宴、新婚旅行などを支援 ・多文化家族の子どもにグローバル文化を体験する機会を提供
訪れる多幸福教室	・多文化家族支援センターで実施される多文化家族対象、人権、経済、犯罪予防、運転免許、警察署見学、法律、教育等体験型教育
多文化家族出産前後ケアサービス	・多文化家族を対象に、妊娠・出産・育児に関する各国の文化に合わせた出産前後のケアサービスを提供 ・健康教室、出産前後の結婚移民女性に対する心理相談治療、母親検診及び出産教室の運営など
多文化家庭子女に母国語教育支援	・多文化家庭の子女を対象に父母のそれぞれの国の言語と文化に対する教育を提供
多文化家族時間制子どものケアサービス	多文化家族の子どものケア人材養成および時間制子どものケアサービス提供
外国人住民代表者会議の運営	・外国人の積極的な政策参加に向けた外国人住民のための常設会議体制運営 ・外国人住民および多文化家族のための政策提案、諮問、モニタリングなど

ソウル市ホームページより（2021年8月）

②ソウル市の多文化家族支援センター

　2021年8月時点で、多文化家族支援センターは24か所（瑞草区を除く）設置されており、各センターで多様かつ総合的なサービスを提供しています。以下、支援内容をホームページから引用・掲載しました。ホームページに掲載されていた24か所の多文化家族支援センターのう

表10.4　多文化家族支援センターでの事業

・韓国語教育
　結婚移民者、中途入国子女などを対象に、生活言語を身につけ、韓国文化を理解できるようにレベル別に韓国語教育を実施
・家族、性的平等、人権、社会統合、相談、広報及び支援の連携など６部門のプログラムを運営
　－二重言語家族環境造成プログラム
　－配偶者夫婦教育
　－多文化理解教育及び人権感受性向上教育
　－就業基礎知識教育及び多文化家族ボランティア団体運営
　－家族相談、事例管理、危機家族緊急支援など
　－訪問教育サービス（１：１指導）
　－韓国語教育サービス：入国後５年以下の結婚移民者や中途入国子女（満19歳未満）
　－親教育サービス：満12歳未満の子どもがいる結婚移民者を対象に、生涯周期別に育児に役立つ教育・情報提供、家族相談などを実施
　－子ども生活サービス：多文化家庭の子ども（満３歳～満12歳）に生活支援サービス を提供
　　※　サービス有料化：所得水準によって自己負担金を差等適用
・多文化家族の子どもを対象に言語発達教室
　－満12歳以下の多文化家族の子どもを対象とする韓国語発達評価及び促進教育、親相談など
・結婚移民者通訳・翻訳サービス
　－コミュニケーションが難しい入国初期の結婚移民者に通訳・翻訳サービスを提供

ソウル市ホームページより（2021年８月）

ち、３か所を除いて通訳・翻訳サービスでベトナム語での対応を行っています。

⑷　韓国の実践から学べること

①社会統合を基盤とする取組みへの移行

　韓国の多文化家族支援施策は、移住者の増加と少子高齢化社会への対応の一例として、日本でも注目されてきました。韓国では、多文化家族

支援施策は一定の評価を得た一方で、同化政策の色が濃い点、支援を要する人々と位置付けるような傾向があり、当事者の良い面への着目に乏しい、などの指摘もありました。こうしたなかで、母国語教育を盛り込み、法改正を重ねながら社会統合策としての模索を続けている点は、とても参考になると思われます。

②自治体によるセンター事業の展開

　日本でも、子育て支援の基盤は自治体による支援がその根幹となっています。そうした一般家庭全般に対する子育て支援の実施主体と多文化家族支援が、共に自治体を基盤として提供されていることは、多文化家族にとっても利用しやすいはずです。情報と支援の一元化は、地域での子育て支援を受ける側にとってメリットが多いといえます。

③結婚移住者の女性支援

　多文化家族支援法第8条では、「DV（ドメスティック・バイオレンス）等家庭内で発生する暴力の被害者に対する保護及び支援」が規定され、各自治体での支援でも、結婚移住女性への支援が含まれています。韓国での多文化家族支援の必要性が認識された背景には、結婚移住女性への暴力が社会問題になった、という経緯があります。日本でも国際結婚を経た外国人女性が経験する暴力被害は深刻です。しかし、広く多文化家族への支援の枠組み全体の中で支援が位置付けられているというよりは、配偶者暴力相談支援センターやシェルター、母子生活支援施設が個別に対応に追われており、全体で問題共有が十分にされてはいない。これは日本の課題であり、韓国の法律や自治体での支援から学ぶべき点は多いでしょう。

　カナダ、韓国以外の諸外国でも、多くの取り組みが行われており、「移民の子どもや保護者に対して、手厚い社会統合のための支援が必要だ」という認識はどの国でも共通しています。一方で、ほぼすべての国

で、「移民を優遇しすぎではないか」との意見もあり、日々模索中、というのも事実です。いずれにしても、他国の取り組みを知り、取り入れながら私たちの社会になじむ支援を作り上げていくことが不可欠なのは間違いないでしょう。

引用・参考文献

外務省（2009）「わかる！国際情勢　多文化主義と多国間主義の国、カナダ」

　https://www.mofa.go.jp/mofaj/press/pr/wakaru/topics/vol.38/index.html

外務省（2021）「大韓民国（Republic of Korea）基礎データ」

　https://www.mofa.go.jp/mofaj/area/korea/data.html#section1

Government of Canada, Immigration, Refugees and Citizenship Canada（カナダ政府ホームページ）

　『2020 Annual Report to Parliament on Immigration（canada.ca）』

　https://www.canada.ca/content/dam/ircc/migration/ircc/english/pdf/pub/annual-report-2020-en.pdf

MOSAIC

・ホームページ（2021年8月6日閲覧）

　https://www.bing.com/search?q=mosaicbc&form=ANNTH1&refig=f04757cafb074123aed88bba89a3a1d7

・パンフレット

　https://www.mosaicbc.org/wp-ontent/uploads/2017/08/FamilyCentre_WEB_Apr11.pdf

岡野聡子（2015）「カナダ・ネイバーフッドハウスにおける世代間交流の研究：フロッグホロウネイバーフッドハウスにおける世代間交流プロジェクトの事例から」『奈良学園大学紀要』3，9-27.

サウスバンクーバーネイバーフッドハウス　ホームページ（2021年8月6日閲覧）

https://www.southvan.org/

白井　京（2008）「韓国の多文化家族支援法：外国人統合政策の一環として」『外国の立法』(238)，153-161.

Statistics　Korea（韓国統計庁）（2020）

「2019 Population and Housing Census（Register-based Census）」

「Vital Statistics of Immigrants in 2019」

http://kostat.go.kr/portal/eng/pressReleases/8/7/index.board

ソウル市ホームページ（2021年8月2日閲覧）

・http://japanese.seoul.go.kr

・familyseoul.or.kr/mcfamily?lang=jp

在日カナダ大使館ホームページ

https://www.canadainternational.gc.ca/japan-japon/index.aspx?lang=jpn

お わ り に

　コロナ禍は、外国人の子育て家庭にも大きな打撃を与えました。ユニセフは、世界中の子ども達が、教育を受ける権利が阻まれたこと、そして移住者の子どもや難民の子どもは、こうした教育へのアクセスだけではなく、公衆衛生に関する言葉や情報の壁により、医療や生活情報の支援へのアクセスが阻まれ、さらには家族の収入の減少、移住者への忌避感情等も、子ども達に深刻な影響を与えていると報告しています。また、紛争により望まずして異国に暮らすことを余儀なくされた子どもや保護者も、様々な形で苦境に立たされています。

　子育ては、保護者個人のスキルのみに依存するものではありません。母国や移住先国での子育てをめぐる文化や情報、考え方、その社会がもつ、家族に関する規範意識、母国や移住先国の宗教やジェンダー、そして移住先国の自治体や国の施策など、様々な要素が子育てや子育ちに影響を与えます。コロナ禍のような、社会が危機的な状況に直面した時、こうした普段は潜在化しているサポートシステムの複雑さやもろさが、外国人の子育て問題にも表出したともいえます。

　筆者が専門とするソーシャルワークが重視する視点のひとつに「課題解決のためには当事者だけではなく、当事者を取り巻く人や機関、制度などの社会環境に働きかける」というものがあります。2016年から2030年までに世界で取り組む「持続可能な開発のための2030アジェンダ：Sustainable Development Goals: SDGs」も、「誰一人取り残さない」ことを掲げ、そのためには直接その問題に関わっている人や組織、国家のみならず、すべての人々や組織が連帯しながら取り組むことが重要だとしています。外国人の子育てに関わる課題は、多様な壁や個々の状況があるゆえに、様々な立場の人が協働、連携して取り組むことなくして改善するのは難しいのではないでしょうか。

　多くの市民やボランティア団体、そして自治体による支援の必要性への認識、そして協働もとても重要で、そうした取り組みがより発展して

いくことは大切であることを、本書は示していると思います。しかし、実践者の献身に依存するシステムが良いともいえません。本書で紹介した事例を基に、地域で人や機関が連携して子育て家庭を支える体制が充実していき、そしてそれらが施策構築にもつながっていくことも、今後の重要な課題です。子育て家庭は、家族や地域、社会、という横のつながり、そして子どもの年齢の変化に伴う関係機関の変化、ネットワークやサポートに関わる機関の変化などの縦のつながり、という横軸、縦軸の広がりのなかで生活を支えられていく必要があります。それぞれの軸が地域のつながりとして、そしてさらに施策として強化されることは、外国人の子ども家庭だけではなく、我が国の子育て家庭への支援をより豊かなものにしていくでしょう。

　本書の出版にあたり、大変多くの方々にお世話になりました。企画・編集を担当いただいた株式会社ぎょうせいの方々には、長期にわたりサポートしていただきました。各執筆者の方々には、それぞれの専門領域や実践現場からみえている課題について多くの示唆をいただきました。様々な形でこの領域に関わってきた多くの方々にも敬意を払いつつ、筆者も出自やルーツに関わらず健康で幸せな子どもや家族が生活できる社会づくりに向けて行動していきたいと思います。

　令和4年7月

南野奈津子

≪執筆者一覧≫

◎第2章　南野奈津子（東洋大学ライフデザイン学部教授）

第3章　藤波　香織（元一般財団法人自治体国際化協会多文化共生課長、
　　　　　　　　　　埼玉県職員）
　　　　内田　千春（東洋大学ライフデザイン学部教授）

第5章　岡村　泰敬（東洋大学ライフデザイン学部助教）
　　　　南野奈津子（前　掲）

第8章　原　めぐみ（和歌山工業高等専門学校准教授）
　　　　甲田菜津美（大阪府立大阪わかば高等学校教諭）

第9章　栗林知絵子（認定特定非営利活動法人
　　　　　　　　　　豊島子どもWAKUWAKUネットワーク理事長）

第10章　南野奈津子（前　掲）

地域で取り組む　外国人の子育て支援
～ 自治体・関係機関連携の課題と実践 ～

令和4年9月20日　　第1刷発行

編集代表　　南野奈津子

発　　行　　株式会社 **ぎょうせい**

〒136-8575　東京都江東区新木場1-18-11
URL：https://gyosei.jp

フリーコール　0120-953-431

ぎょうせい　お問い合わせ 検索 https://gyosei.jp/inquiry/

〈検印省略〉

印刷　ぎょうせいデジタル株式会社　　　　　　　©2022 Printed in Japan

※乱丁・落丁本はお取り替えいたします。

ISBN978-4-324-11157-4
(5108790-00-000)
〔略号：外国人子育て〕